Elke Wittich (Hg.)
»Wo waren Sie, als das Sparwasser-Tor fiel?«

Elke Wittich (Hg.)

»Wo waren Sie, als das Sparwasser-Tor fiel?«

KONKRET LITERATUR VERLAG

© 1998 Konkret Literatur Verlag, Hamburg
Umschlaggestaltung: Peter Albers
Umschlagfoto: dpa
Satz: H & G Herstellung, Hamburg
Druck: Fuldaer Verlagsanstalt, Fulda
ISBN 3-89458-172-7

Inhalt

Vorwort der Herausgeberin   9

Harun Farocki
Ein Ausdruck von Lebensfreude   13

Matthias Altenburg
Die Nackten, die Deutschen und wir   16

Georg Buschner
Ein lustiger Tag   18

Michael Ringel
Mein großer Clou   20

Sepp Maier
Blöde Frage   22

Chris Immler
Ein richtiges Memmenspiel   24

Regula Venske
Als Nixon niederbrannte   26

Roland Reuß
Epochales Unrecht   28

Eckhard Galley
Spätdienst beim ND   30

Horst Tomayer
Kleine Siege – keine Siege!   32

Dieter Fuchs
Die schönste Zeit meines Lebens   34

Günter Gaus
Sparwasser und das Protokoll   36

Johannes Groschupf
Die Hölle   38

Karl-Heinz Heddergott
Gegnerbeobachtung   40

Silvia Szymanski
Seitenverkehrter Mond   42

Wolfgang Welt
Es reichte zur Mystifizierung   44

Hagen Boßdorf
Salzstangen und Erdnußflips   46

Gisbert Haefs
Nur Garnitur   48

Matti Lieske
Chile sí, Junta no!   49

Veit Spiegel
1. Mai im Trainingsanzug   51

Miclós Pataky
Rache für 1954   53

Peggy Parnass
Fußball und Liebe   55

Fritz Herkenrath
Wie im Showgeschäft   57

Lutz Herden
Eine klassische Kontersituation   59

Klaus Hansen
Den Kaiser vom Pferd zerren   61

Ror Wolf
Alles ist Material   63

Doris Gercke
Niemand blieb im Westen   65

Hans Tomato
Ein ungeheuer wichtiges Spiel   67

Jürgen Roth
Ernst Jünger Spezial I und II   68

Peter Wawerzinek
Auf der Margaretheninsel   71

Günter Wallraff
Athen 1974   73

Pieke Biermann
Sparwasser? Sparkasse!   76

Dieter Birr
Große Hymnen   78

Klaus Walter
Ein Fall von oraler Überlieferung   80

Jürgen Rollmann
Wie im Fernsehen   82

Erich Kuby
Pünktlich bei Tito   84

Klaus Theuerkauf
Taktische Niederlage   86

Thomas Rothschild
Heißt der nicht Jens Sparschuh?   88

André Brie
Gleicher unter Gleichen   90

Jürgen Schneider
Klammheimliche Freude   92

Tanja Kopecky
Blöde Frisuren und blöde Trikots   94

Heinz-Florian Oertel
Schnee von gestern   96

Claudia Pinl
»Hysterisch, lesbisch, frigide«   98

Detlev Claussen
Alles verkorkst   100

Gerhard Zwerenz
Tief gedemütigt   102

Alfred Hilsberg
Das Spiel der roten Teufel   103

Thomas Arslan
Bud Spencer war wichtiger   105

Hermann Kant
Zweigeteilt auf grünem Rasen   107

Rayk Wieland
Früher Unfug   110

Günther Linnartz
Kontemplatives Sportgucken   112

F. W. Bernstein
Die reine Schadenfreude   113

Marion Spröte
Kein Kuß von Beckenbauer   115

Dieter Meinold
Ganz allein und ohne Ton   117

Peter Neururer
Teure Angelegenheit   119

Christoph Gurk
Belagerung im Schichtdienst   121

Hanno Harnisch
Sbjeregatjelnaja Woditschka   123

Jürgen Sparwasser
Das Spiel der Funktionäre   125

Vorwort

Fußballweltmeisterschaft 1974 — Was kaum jemand erwartet hatte, trat am Samstag, den 22. Juni im Hamburger Volksparkstadion vor 60.000 Zuschauern ein: Das Tor des Magdeburgers Jürgen Sparwasser in der 78. Minute beendete das Spiel BRD gegen DDR mit einem 1:0 Sieg für die Mannschaft der DDR. »Eiskalt — wie englische Profis — brachten die Spieler aus der DDR die Mannschaft der Bundesrepublik aus dem Spielrhythmus«, meldete dpa.

Dieses berühmte Tor von Jürgen Sparwasser führte schließlich zwei Jahre später zu der Kolumne »Wo waren Sie, als das Sparwasser-Tor fiel?« inspiriert, die seit Juli 1997 in der Berliner Wochenzeitung »Jungle World« erscheint.

Zu diesem Spiel, so die Annahme, würde Ostlern wie Westlern gleichermaßen etwas einfallen, und selbst die traditionell unsportliche Westlinke müßte damals mitbekommen haben, daß die DDR und die BRD zum ersten Mal auf dem Fußballfeld gegeneinander antraten. Ich habe Prominente und weniger Prominente, Sportler und Nicht-Sportler, den Torschützen und den Torwart, Männer und Frauen aus Ost und West für die »Jungle World« und für dieses Buch gefragt, wie sie diesen Tag erlebt haben.

Die Reaktionen der Befragten waren erstaunlich: Fast allen fiel zu diesem Ereignis etwas ein. Die meisten konnten sich nicht nur erinnern, sondern auch gleich Geschichten dazu erzählen. Herausgekommen ist eine breite Palette von Erinnerungen, die von der direkten Schilderung des Spielverlaufs über die politischen Verhältnisse in den beiden deutschen Staaten bis zum Lebensgefühl in den 70er Jahren reicht.

Ich selbst erinnere mich an das Sparwasser-Tor nicht. Nur die Schlagzeilen der »Bild«-Zeitung vom Spieltag (»Warum wir heute gewinnen«) und vom Tag danach (»So nicht, Herr Schön«) haben sich mir eingeprägt.

Für mich war die Fußball-Weltmeisterschaft 1974 aus zwei ganz anderen Gründen ein wichtiges Ereignis: Fast alle Mädchen aus meiner Klasse waren in den schönsten Spieler der WM, den Brasilianer Francesco Marinho, verliebt, und − die Familie wurde durch die Kickerei gespalten: in diejenigen, die mit den Niederlanden sympathisierten, und in die Anhänger der westdeutschen Nationalmannschaft. Die WM fand daher in zwei Häusern statt, aber bis auf das Endspiel konnte jeder dort Fußball schauen, wo er gerade Lust hatte.

Sogar der wahlsowjetische Kinderblock auf der Couch − Schulfreund Jörg hatte irgendwann auf dem Nachhauseweg erklärt, man müsse für Nordvietnam, Baader-Meinhof und den Ostblock sein, weil »für die hält ja sonst keiner« − löste bei diesem Zweiländerkampf mit internationaler Beteiligung kaum Entsetzen aus. Ziemlich erstaunlich für eine Familie, deren Opa, nachdem im Fernsehen der Wahlsieg der sozialliberalen Koalition 1972 bekanntgegeben worden war, aschfahl wurde und rief: »Jetzt ist alles aus. Jetzt verstaatlichen sie die Banken!« Damals hatte man jedoch nur kurze Zeit Alpträume gehabt, dann erinnerte man sich daran, daß Opas Prognosen niemals eintrafen. »Eije, das geht schief«, pflegte er zu sagen, wenn er während eines Fußball-Länderspiels das Wohnzimmer betrat, um trotz seines schlechten Herzens einen Blick auf den Bildschirm zu riskieren, »das kann ich jetzt schon sehen.« Dann ging er wieder, und wenn man ihm später berichtete, daß die BRD gewonnen habe, dann sagte er: »Ich wußte es!«

Das Endspiel zwischen den Niederlanden und der BRD wurde richtig dramatisch, denn die Erwachsenen machten völlig irre Dinge. Mama mußte beispielsweise auf dem vorherigen

Sonntagnachmittags-Spaziergang etwa zwanzig orangefarbene Dinge finden, damit das Spiel auch wirklich in ihrem Sinne ausgehen würde. Dies erwies sich als so unmöglich, daß schließlich auch Autos zählten. Von den anderen Erziehungsberechtigten wurde ähnliches berichtet, es war wie beim Schlager Grand Prix, der in der Familie immer schon als deutsch-holländischer Konkurrenzkampf ersten Grades galt, nur schlimmer. Während des Matches telefonierte man andauernd miteinander, um zu hämen; am Ende stand dann ein jahrzehntelang unverändertes Ritual, das für alle Gelegenheiten galt: Die Verlierer mußten die Gewinner anrufen und schwer über die eigenen Loser jammern. Das Sparwasser-Tor ging dabei völlig unter.

Elke Wittich, im August 1998

Harun Farocki

Ein Ausdruck von Lebensfreude

»Wenn wir noch irgendwas in unserem Leben erreichen wollen, dann dürfen wir uns keine Olympischen Spiele, keine Europa- und Weltmeisterschaften mehr ansehen«, hat Uwe Nettelbeck vor ein paar Jahren zu mir gesagt, und so schlimm es ist, damit hat er wohl recht.

Bei der Weltmeisterschaft 1974 habe ich mir wohl jedes Spiel angesehen, meistens im Liegen auf einem weißen Teppich, mit dem das ganze Zimmer ausgeschlagen war. Das war die Wohnung, in der meine damals sechsjährigen Töchter mit ihrer Mutter wohnten — ich war ausgezogen und nutzte jede Gelegenheit, mich dennoch dort aufzuhalten.

Bei dieser Weltmeisterschaft hatte ich wohl zum ersten Mal die Empfindung von Übersättigung und Überdruß. Als ich ein Kind war, so 1958, gab es nur jedes zweite Spiel der deutschen Mannschaft im Fernsehen, und einmal mußte ich in einem Lokal das Spiel Deutschland-Schweden im Radio anhören, während das Parallelspiel bei abgedrehtem Ton zu sehen war. Immer gab es diesen Mangel: von einem Spiel gab es nur einen kurzen Ausschnitt, oder man mußte eine halbe Stunde Dressurreiten anschauen, bevor endlich ein Fußballbericht kam. Derart kurzgehalten habe ich mich später überfressen. Heute wird man von »ran« nicht nur vollgestopft bis man bricht — man kann nie wissen, wann das Spitzenspiel kommt und muß alles durchmachen. Damit die Einschaltquote hoch ist, kann man nicht einmal damit rechnen, daß das Spitzenspiel zum Schluß kommt. Das Überangebot und die haltlose Dramatisierung, die da getrieben werden, haben zur Folge, daß ich die Spiele kaum noch erinnern kann. Ich glaube, daß ich bestimmte Spiele von vor 30 Jahren noch so gut erinnern kann, weil damals über Spiele viel mehr geredet wurde und weil wir sie uns viel öfter durch den Sinn gehen ließen.

Als der Sparwasser sein Tor schoß, da war ich froh darüber. Das war eine billige Freude, weil die DFB-Mannschaft damit ja nicht aus dem Turnier war und sogar zu hoffen war, daß sie jetzt aufwachte. 1954 war ich für die Ungarn, aber seither habe ich immer zum DFB-Team gehalten. Dabei habe ich immer wieder durchlitten, was auch meine erste Kino-Erfahrung ist: daß mein Held ein Tölpel ist, dem alles schief geht, der alles falsch anfängt oder verpatzt, den aber ein unvorstellbarer Zufall doch rettet. Meine ersten Filme waren Zeichentrickfilme.

Das Besondere war nun 1974, daß die Bundesrepublik wirklich wunderbare Spieler hatte, aber nicht ins Spiel kam, und wer immer mit dem Rücken zum Gegner den Ball zugespielt bekam, spielte ihn gleich wieder zurück, auch zum Torwart. Es wunderte mich, daß ich nie gehört habe, die Bundesrepublik habe absichtlich verloren, um Gruppenzweiter zu werden und somit den Holländern auszuweichen. Außerdem freß ich einen Besen, wenn es nicht stimmt, daß das DDR-Team ebenso furchtbar spielte, bis auf den schnellen Spielzug, der zum Tor führte.

Man kann sogar so weit gehen zu sagen, daß die Spieler wie Beckenbauer, Breitner, Netzer sowieso, eine Lebensfreude zum Ausdruck brachten, die damals in der Bundesrepublik aufkam, trotz der Berufsverbote und der Sache mit der RAF. Es gab deutlich weniger Angst. Das hatte wohl damit zu tun, daß die Fabrikgesellschaft zu Ende ging. Dies drückte sich in der holländischen Mannschaft wohl noch stärker aus: daß Sport nichts mehr mit dem Kasernenhof zu tun hat.

Heute ist es so, daß meine Über-Ichs es mir nicht mehr erlauben, ganze Turniere anzusehen. Das schaffen ja nicht einmal Langzeitarbeitslose. Es ist allerdings kaum möglich, eine sinn-

volle Auswahl zu treffen, weil sich glücklicherweise nicht vor-
aussehen läßt, welches Spiel toll sein wird. Es funktioniert meistens auch nicht, ein Spiel mitzuschneiden und später anzusehen, weil immer jemand einem das Ergebnis verrät, bevor man
das Band gesehen hat. Meistens ist das einer, der sich selbst dafür gar nicht interessiert.

*Der Filmemacher Harun Farocki ist Dozent für Film an der Uni-
versität Berkeley.*

MATTHIAS ALTENBURG

Die Nackten, die Deutschen und wir

Wir waren Verlierer und fühlten uns wohl dabei. Mattausch, der lange Dürre mit seinen Spinnenfingern, und ich. Wir waren fünfzehn und doof, wir hatten lange Haare und waren häßlich. Dauernd wollten wir uns umbringen oder die Welt verändern oder auf eine Landkommune nach Kalifornien ziehen. Es ging alles durcheinander in diesem Weltmeisterschaftsjahr 1974. Wir lasen Nietzsche, Hesse, Castaneda, Miller, Kerouac, Ginsberg. Den ganzen Hippiemuff rauf und runter. Und fanden kein Mädchen, das uns küssen wollte. Es war ein Scheißfrühjahr gewesen, und es würde ein Scheißsommer werden.

Im Juni mit den Eltern im blauen Käfer nach Kärnten, vorne Mama und Papa, hinten Mattausch, meine kleine Schwester und ich. An den Turnersee, wo das Schnitzel beim »Schillingswirt« umgerechnet Viermarkzwanzig kostete und wo dauernd irgendwelche blöden Luftmatratzenrennen veranstaltet wurden. Nach einer Woche hatten wir die Nase voll.

Wir wollten trampen. Wir dachten, Jugoslawien sei vielleicht eine gute Gegend. Der Kommunismus interessierte uns und die FKK- Badestrände, von denen wir gehört hatten. Wir stellten uns an die Straße und streckten den Daumen raus, aber keiner wollte uns mitnehmen, traurige Zottel, die wir waren. Nachdem wir drei Stunden in der Hitze gewartet hatten, stanken wir und stiegen in einen Bummelzug Richtung Istrien. Irgendwann in der Nacht gelangten wir an einen dunklen Bahnhof, und es hieß, hier sei Endstation. Wir stiegen aus, suchten uns eine Wiese und bauten unserer Zelt auf. Früh am Morgen wurden wir von donnerndem Autolärm geweckt. Unsere Wiese war eine Verkehrsinsel mitten in der kleinen Stadt Vrhnika.

Im Autobus nach Porec wurde eine konzertante Fassung der Internationalen gespielt, es hörte sich an wie eine Parodie auf James Last. Und keiner der Berufspendler sah aus wie Che Guevara, alle sahen aus wie müde jugoslawische Berufspendler.

Auf dem FKK-Campingplatz waren dann lauter nackte Deutsche. Alle tranken dauernd billigen Rotwein mit Orangensaft und sahen aus wie Kleingärtner. Wir hatten nie gedacht, daß Nacktheit so langweilig sein kann. Wir fragten ein Mädchen, ob es in unser Zelt kommen wolle. Das Mädchen hieß Geli, und wir knutschten ewiglange mit ihr rum. Als Geli dann fragte, ob wir sonst noch was drauf hätten, taten wir, als seien wir zu betrunken. Am nächsten Tag ging sie schon mit einem jugoslawischen Kellner und grüßte uns nicht mehr.

Und irgendwann erzählte uns ein Nackter in der Strandbar, daß die Ostzone einsnull gegen Deutschland gewonnen habe. Weder freute uns das noch ärgerte es uns. Es war uns egal. Verlierer waren wir ja sowieso.

Matthias Altenburg ist Schriftsteller und regelmäßiger Kolumnist im »Zeitmagazin«. Er lebt in Frankfurt am Main.

Georg Buschner

Ein lustiger Tag

An das Tor erinnere ich mich natürlich noch sehr gut – ein langer Paß auf Sparwasser, der ließ mit einer geschickten Körpertäuschung gleich zwei gegnerische Spieler, Beckenbauer und Vogts, aussteigen, und dann kam Torwart Maier etwas zu spät.

Bei aller Bedeutung, für uns war das schon vorher ein sehr lustiger Tag gewesen. Wir hatten uns ja schon qualifiziert, deswegen waren wir vor dem Spiel auch nicht besonders aufgeregt, schließlich galten wir als völliger Außenseiter, niemand hat von uns einen Sieg gegen die BRD erwartet. Wir haben natürlich ein bißchen darauf gehofft, wie das halt im Sport immer so ist.

Nach dem 1:0 glaubte ich jedoch nicht daran, daß das schon der Endstand sein würde, deswegen habe ich mir zunächst auch bei dem Tor noch nicht allzuviel gedacht – nach dem Abpfiff aber war die Freude natürlich riesengroß.

Wir haben dann in Quickborn, dort war unser Quartier, noch ziemlich gefeiert, während bei der Delegationsleitung die Glückwunschtelegramme eingingen – offizielle und die, die uns alle wirklich gefreut haben, also die von Freunden und unseren Frauen. Da ahnten wir schon, wie wir nach unserer Rückkehr gefeiert werden würden.

Am wichtigsten bei dem Spiel war für mich jedoch, wie freundlich und sportlich fair es abgelaufen war, alles, was man von außen versucht hatte, da hineinzutragen, hatte keine Auswirkungen auf die Mannschaften – es kam auf dem Platz und hinterher zu keinerlei Unfreundlichkeiten. Das merkt man ja wohl auch daran, daß wir, als nunmehr alte Herren, nach der

Wende schon mehrmals gegeneinander oder auch gemeinsam in einer Mannschaft gespielt haben.

Für Fußball interessiere ich mich noch immer. Wer tut das nicht? Da wäre ich ja wohl der einzige. Ich schaue mir regelmäßig Spiele an, nicht nur Fernsehübertragungen, ich gehe auch oft ins Stadion, zu Schalke oder Bayern. Ich melde mich vorher an, und das ist bisher noch nie ein Problem gewesen – man kennt mich ja.

Georg Buschner, Ex-Nationaltrainer der DDR, lebt heute als Renter in Jena.

MICHAEL RINGEL

Mein großer Clou

Anfang der siebziger Jahre lebten wir neben einer Familie mit drei Söhnen, die die größten Gladbach-Fans aller Zeiten waren. Sie hießen Micky, Stinker und Storchi. Aber das ist eine andere Geschichte.

Der Samstag, an dem das Sparwasser-Tor fiel, begann sehr früh. Um sieben Uhr morgens klingelte das Telefon. Meine Eltern schliefen noch, also ging ich an den Apparat. Am anderen Ende war Hein von der Post. So nannten wir ihn, weil er das Pilsstübchen »Zur Post« bewirtschaftete. Hein war in Asberg bekannt dafür, ungewöhnliche Ereignisse zu forcieren. Einmal, ich flipperte gerade in der »Post«, gab es in der Küche eine gewaltige Explosion. Hein hatte eine große Dose Gulaschsuppe in einem Wasserbad erhitzt, aber vergessen, sie zu öffnen. Von der Decke und den Wänden tropfte ein kotiger Brei. Deshalb war ich kaum verwundert, daß Hein jetzt aufgeregt ins Telefon stammelte: »Jung, ich brauch dein Vatter.« Ob es denn wichtig sei, versuchte ich, ihn hinzuhalten. »Ja, Jung', is' ganz, ganz wichtich«, sammelte er all seine Überzeugungskraft. Mein Vater war seinerzeit Fernsehtechniker und Sondereinsätze gewöhnt. Also weckte ich ihn, der mißmutig zum Telefon schlurfte. »Hömma, mein Fernseher is' kapott«, schrie es aus der Muschel. Das habe doch wohl noch Zeit, versuchte mein Vater abzuwiegeln, was Hein nur noch mehr erregte: »Auf alle Programme rauschtet. Aber ich will doch dat Spiel sehn.« Was denn für ein Spiel, murrte mein Vater schlaftrunken. »DeDeEr, DeDeEr...«, knötterte Hein immer lauter, bis wir begriffen: Hein von der Post war nachts vor dem Fernseher eingeschlafen und früh morgens schon wieder aufgewacht, glaubte jedoch, er habe bis abends durchgeschnorchelt, weshalb er jetzt auf der Suche nach der Fußballübertragung wild durch die Sender schaltete, die nicht sendeten. »Ach so, dat is' gar keine Bildstörung«, begriff endlich auch Hein und verabschiedete sich mit einem freundlichen »Dann geh ma' wieda ins Bett«. Mein Vater machte den Handwischer vor dem Gesicht und verschwand im Schlafzimmer.

Das WM-Spiel Bundesrepublik-DDR sah ich vom Teppich meiner Großeltern aus. Nach der Niederlage traf ich Micky, Stinker und Storchi, die tief beleidigt waren, weil der Bundestrainer Helmut Schön den Gladbacher Günter Netzer ausgerechnet in der 70. Minute des »Scheiß-DDR-Spiels« zum ersten Mal bei der Weltmeisterschaft eingewechselt hatte, nur damit er sieben Minuten später am Sparwasser-Tor mitschuldig war. Sie ahnten, Netzer würde nicht mehr spielen, was sie beinah so sehr wurmte wie mein großer Clou. Denn als einziger besaß ich ein Originalautogramm von Netzer, das ich mir eines Nachmittags in der Kreissparkasse, umringt von Hunderten entfesselter Fans, erkämpft hatte. Schlimmer noch: In dem Moment, als ich ihm gegenüberstand, schoß jemand ein Foto, und anderentags waren Netzer und ich gemeinsam in der Zeitung. Als ich den Ausschnitt über mein Bett pinnte, hörte ich durch die Wand das verzweifelte Heulen von Micky, Stinker und Storchi. Was konnte mich bei einem solch epochalen Sieg über die Nachbar-Brüder da das 0:1 gegen die DDR stören? Kurz vor meinem 17. Geburtstag warf ich dann pubertätsgeschädigt das Autogramm in den Mülleimer. Aber das Zeitungsfoto besitze ich noch heute.

Michael Ringel ist Journalist und Autor und lebt in Berlin.

SEPP MAIER

Blöde Frage

Wo ich war, als das Sparwasser-Tor fiel? Blöde Frage. Am Boden war ich gelegen. Deswegen kann ich mich auch gar nicht so genau erinnern, wie das Tor fiel. Ich glaube, der Verteidiger Höttges hat ein bisserl geschlafen, der Sparwasser hat den Ball an mir vorbeigehaun und ist damit berühmt geworden. Für uns war das gut so, sonst wären wir nicht Weltmeister geworden. Hätten wir zwei, drei oder vier zu null gewonnen, hätte es sicher nicht geklappt mit dem Titel. Wir hatten ja zuvor gegen Chile auch so ein Gurkenspiel hingelegt und dann die Niederlage gegen die DDR – der Oberhammer. Nach diesem Spiel ist das ganze Team zusammengerückt – eine Trotzreaktion. Danach gab es nur noch Siege.

Für unseren Trainer Helmut Schön war das sicher die persönlich höchste Niederlage. Der stammte ja aus Dresden. Für uns Spieler war das nicht so das Aufeinandertreffen politischer Systeme, zu dem es von den Medien gemacht wurde. Klar, die DDR-Auswahl hat sich riesig gefreut danach, aber sonst war nix, keine dummen Sprüche – auch von unserer Seite nicht.

Das war bei einem Europacupspiel mit dem FC Bayern anders. Ob das in Dresden oder Magdeburg stattfand, weiß ich nicht mehr. Auf jeden Fall sind wir von den Spielern dort mit »ihr kapitalistischen Sauschweine! Begrabt euch!« empfangen worden. Nach dem Spiel haben wir dann zusammen geduscht, als ob nichts gewesen wäre. Den ostdeutschen Fans, die damals vor unserem Hotel gewartet haben, ist von den Vopos gesagt worden, die Westdeutschen wollten nichts mit ihnen zu tun haben. Entsprechend aufgeheizt war die Stimmung. Das war dann ein richtiger Spießrutenlauf, nachdem wir gewonnen hatten. Wir sind damals für die Propaganda benutzt worden, und ich war, ehrlich gesagt, heilfroh, als wir weg waren.

Sepp Maier trainiert heute seine Nachfolger in der deutschen Nationalmannschaft.

CHRIS IMMLER

Ein richtiges Memmenspiel

Ich habe das Spiel zu Hause in Bayern gesehen, wir hatten einen
alten Schwarz-weiß-Fernseher. Wir, das waren meine Mutter
und mein älterer Bruder, der Vater war schon lange tot. Meine
Mutter war eigentlich eine völlig unpolitische Frau, mit einer
Ausnahme: Bei RAF-Anschlägen gab es bei uns immer selbst-
gebackenen Apfelkuchen mit Sahne, aber ohne irgendeine weitere Begründung.

Beim Spiel hat sie allerdings nicht hingesehen, bloß dabeige-
sessen und sich mit irgendwas völlig anderem beschäftigt. Die
bundesdeutsche Mannschaft legte wieder so ein richtiges Memmenspiel hin, und uns Kindern kam das sowieso alles ziemlich
seltsam vor, weil es halt in Deutschland stattfand und zwei deutsche Mannschaften mitmachten. An Sparwasser kann ich mich
gut erinnern, denn bei dem Namen mußte ich immer an Wal-
ther Sparbier denken, das war der Postbote bei der Show von
Peter Frankenfeld.

Man hatte die Mannschaft der DDR wohl vorher nicht ernst
genommen, dabei war sie im Spiel dann schließlich ganz klar
besser, die haben geile Konter gemacht. Und als das Tor schließlich fiel, da wurden bei mir zu Hause alle außer mir total fahl
im Gesicht. Ich hab mich für die DDR gefreut, denn schließlich
hatte sie das Tor aufgrund ihrer Überlegenheit mehr als ver-
dient. Mein Bruder hatte jedoch so eine Marotte, der hatte
beim Fernsehgucken immer ein Kissen auf dem Schoß, und das
hat er dann immer unterschiedlich benutzt. Wenn er Angst bekam, hat er es sich vor die Augen gehalten, wenn er richtig wü-
tend war, hat er es gegen den Fernseher geworfen. Sparwasser

hatte das Tor also kaum geschossen, da kam auch schon das Kissen geflogen, und mein Bruder konnte sich gar nicht mehr einkriegen vor Ärger. Meine Mutter hat hingegen bloß tief durchgeatmet und gesagt: »Man muß das jetzt ganz differenziert sehen!«

Chris Immler ist Schlagzeuger bei der Westberliner Rockband »Golden Showers«.

REGULA VENSKE

Als Nixon niederbrannte

Wenn Sie mich gefragt hätten, wo ich 1996 das Europamei-
sterschaftsendspiel Deutschland gegen Tschechien gesehen
habe, hätte ich Ihnen einen eindeutigen und interessanten
Ort bieten können: Ich lag nämlich im Krankenhaus, im Wo-
chenbett, um genau zu sein, und guckte Fußball mit meinem
neugeborenen Knäblein an der Brust. Später hörte ich den Ju-
bel, Böller und Autohupen auf der Straße – ich hätte allerdings den Tschechen den Sieg gegönnt, schon aus historischen
Gründen.

Anfang Juni 1974 machte ich Abitur; danach fuhr ich mit
zwei Münchener Freunden durch Südfrankreich. Wir werden,
als Sparwasser das Tor schoß, wohl auf irgendeinem Zeltplatz
zwischen Aigues-Mortes und Saint Tropez gesessen und Rotwein aus Zweiliterflaschen getrunken haben, im Schein einer
knallroten Kerze, die die Form von Richard Nixons Kopf hatte.
Je mehr Wein wir tranken und je mehr die Kerze niederbrannte,
desto diabolischer flackerten Nixons Augen in ihren Höhlen.
Schließlich war die Kerze in der Mitte röhrenartig herunter-
gebrannt, aber der Kopf als solcher äußerlich intakt geblieben.
Wir steckten ihn später auf den Zaunpfahl irgendeines Zeltplat-
zes, das sah ziemlich gespenstisch aus.

Mein Problem in jenen Wochen war herauszufinden, in wen
von meinen Zeltgenossen ich verliebt war. Das heißt, in den einen war ich verliebt, weil ich mit ihm schlafen wollte, mit dem
anderen ließ es sich besser über Max Frisch und den Blues dis-
kutieren, da konnte ich wenigstens Wortumarmungen genie-
ßen. Zu allem Überfluß war ich in Heidelberg mit einem netten

Theologiestudenten quasi verlobt. Dies alles beschäftigte mich sehr; Fußball war nicht das Thema.

Inzwischen habe ich in meinen Söhnen zwei begeisterte Fußballer — sowohl in der Praxis als auch in der Theorie — im Hause. Wenn Sie mich künftig nach wichtigen Toren fragen, werde ich also nicht mehr von Jugendtorheiten schwärmen...

Regula Venske lebt mit einem Mann, zwei Söhnen und drei Fußbällen als freie Schriftstellerin in Hamburg.

ROLAND REUSS

Epochales Unrecht

Ich habe das Spiel bei meinem Großvater erlebt, der hatte den besten Fernseher. Ich war ganz auf der Seite der BRD. Dabei galt ich in meiner Familie, obwohl ich damals erst 16 Jahre alt war, schon als Linker, als Quertreiber, die Sprüche wie »Geh doch rüber, wenn es dir hier nicht paßt« kannte ich also zur Genüge. Aber: Wenn's bei uns schon schlimm ist, dann ist es mit tausendprozentiger Sicherheit in der DDR noch schlimmer, das war mir klar. Auch wenn es mit den Freiheitsräumen bei uns nicht so doll war, man konnte sich immerhin einen Weg suchen.

Den Werdegang der DDR-Mannschaft während der WM hatte ich eigentlich nicht verfolgt, erst in dem Augenblick, als die beiden Teams aufeinandertrafen, nahm ich sie wahr. Da hat mir das Auftreten der DDR-Elf sehr gestunken. Mir waren die Typen richtig unsympathisch, auch Sparwasser, besonders durch das Zwanghafte, mit dem die Leitung der Mannschaft auftrat. Deren ständige Rede vom Kollektiv war unangenehm, Trainer Buschner sprach immer nur davon – extrem unangenehm war allerdings, daß sie das Wort nicht richtig aussprechen konnten, es klang immer wie »Gollegtiv«.

Dabei ist im Fußball die Mannschaft das eine, aber es müssen auch Individualisten dabei sein – gerade Sparwasser bewies das für einen Augenblick mit seinem Tor. Wenn ein Fußballspiel gut ist, dann hat es tausend Momente, von denen weiland Goethe in seinem Shakespeare-Aufsatz träumen konnte: daß in ihnen Freiheit und Notwendigkeit genau zusammenhingen. Deswegen: Kollektiv ja, aber Individuum muß auch sein. Nicht unbedingt auf die zwanghafte Weise, die Basler von seinem Manager nahegelegt wurde, auch nicht auf die Häsler-Häßler-Tour, aber vielleicht wie Wuttke – aber wer kennt den noch...

Sparwasser war damals nur einer, der seinen Job besser machte, als »Sportsfreund Buschner« das eigentlich wollte, er war auf keinen Fall ein Botschafter fußballerischer oder sonstiger Freiheit. Ich habe später Sparwassers Laufbahn verfolgt, er war ja nach seiner Republikflucht Trainer bei der Eintracht, später unter anderem bei Darmstadt. Vor einigen Tagen habe ich ihn zufällig im Fernsehen gesehen – er ist mir immer noch unsympathisch.

Am Abend des Spiels, in dem er das Tor schoß, da war das schon ein Anlaß zu Depressionen, denn es blieb nur noch wenig Zeit, das Ergebnis umzudrehen. Damals hatte ich schon die Vorstellung, daß gerade etwas Epochales geschehen war, eben epochales Unrecht. Und daran erinnere ich mich sehr ungern.

Roland Reuß ist Kleist- und Kafka-Herausgeber beim Verlag Stroemfeld/Roter Stern.

ECKHARD GALLEY

Spätdienst beim ND

Damals, als das Spiel ausgetragen wurde, war ich seit zwei Jahren Sportredakteur beim »Neuen Deutschland«. Ich hatte an diesem Abend Spätdienst. Das Spiel fand an einem Samstag statt. Damals erschien das ND auch sonntags. Wir hatten also ab 22 Uhr redaktionellen Hochdruck und das Spiel zuvor im Fernsehen verfolgt. »Was machen wir jetzt noch auf die schnelle?« überlegten wir. Für die B-Ausgabe, das ist die auch heute noch etwas später als die überregionale A-Ausgabe erscheinende Auflage für Berlin, wollten wir natürlich noch einen Bericht über dieses Spiel bringen. Wir haben dann den Trainer, Georg Buschner, schnell telefonisch befragt, ihm drei, vier Fragen gestellt und die dann mit dem vermischt, was er in einem Live-Interview mit dem DDR- Fernsehen gesagt hatte.

Natürlich war das eine große Sache, aber wir haben sie auch in den nächsten Tagen eigentlich nicht so sehr groß gefahren. Wir haben also z.B. keine Leserbriefaktion daraus gemacht, denn die Ernüchterung folgte ja bald. Obwohl die DDR-Mannschaft zwischendrin sehr ordentlich gespielt hatte, belegte sie nach der Zwischenrunde nur den dritten Platz und war damit ausgeschieden. Insgeheim hatten wir uns ein bißchen mehr erhofft, aber, objektiv betrachtet, war der erreichte sechste Platz eigentlich ein Riesenergebnis.

Die Spieler kannte ich damals noch nicht persönlich, das folgte erst, als ich Fußball-Redakteur wurde. Auch den Trainer nicht – das ist jedoch nicht so ungewöhnlich, denn welcher

Sportjournalist kann heute schon von sich behaupten, zum Beispiel Beckenbauer persönlich zu kennen?

Eckhard Galley ist Fußball-Redakteur der Tageszeitung »Neues Deutschland«.

HORST TOMAYER

Kleine Siege – keine Siege!

Wer war ich wie war ich wo war ich
Als Sparwasser damals nahm Maß
Um das Schönteam zu exekutieren
Mit einer Kugel von adidas

Nun ich war 36
Und stand in entsprechendem Saft
Sowie beim berliner EXTRA-
dienst im Dienste als Schaffenskraft

Mit Charly Guggomos und einem Fläschchen Moskowskaja
Saß ich vorm Apparat
Und gewahrte wie Sparwasser der Genosse
Den Tritt den entscheidenden tat

Ich war ein Zonenhöricht
Und patschte Hand an Hand
Als die Deutsche Demokratsche
Schlug den FC Globkeland

Doch Charly sagte Hotte
Dieser Sieg ist ohne Gewähr
Denn die Kräfteverhältnisse sind nicht
Nach einem Weltmeister DDR

Und so kams dann ja auch keine fünfzehn
Jahre nach der Sensation

Besiegelte das Schicksal dieses Treffers
Die Dropkickkerzenrevolution

Der berliner EXTRA dienst ist tot und auch Charly
Ist im Himmel wegen Übergewicht
Doch niemals vergesse ich ihn nicht
Und seinen marxistischen Spielbericht

Horst Tomayer ist Dichter und TV-Seriendarsteller. Er arbeitet (in Hamburg hausend) an einem Standardwerk über die Marktwerdung des Menschen.

DIETER FUCHS

Die schönste Zeit meines Lebens

Das Spiel BRD-DDR habe ich nicht live gesehen – es war vom Fußballverband der DDR so geregelt worden, daß Funktionäre nur vier Spiele vor Ort anschauen durften, zu denen man dann jeweils mit dem Zug anreiste. Deswegen saß ich zu Hause vor dem Fernseher.

Überrascht hatte mich der Sieg der DDR nicht, ich war damals schon lange genug im Fußball, um zu wissen, was alles passieren kann, im Gegensatz zu vielen anderen, die das einfach nicht begreifen wollen. Bei Fußball-Weltmeisterschaften erlebt man ja auch immer wieder, daß vermeintlich unbedeutende Mannschaften für Überraschungen sorgen.

1974 hatte ich schon viele Spiele im Ausland erlebt, denn nach meiner aktiven Zeit war ich verantwortlich für die beiden Dynamo-Vereine, Dresden und den Berliner FC – das war die schönste Zeit meines Lebens. Wir sind überall hervorragend aufgenommen worden, das beruhte natürlich auf Gegenseitigkeit. 1973 waren wir mit Dresden zum Beispiel bei Bayern München. Schwan war damals Manager, Lattek Trainer dieser Spitzenelf. Wir hatten ein beinahe freundschaftliches Verhältnis zueinander, wir wurden sehr nett empfangen und betreut. Trotzdem hatte ich in München mein einziges negatives Erlebnis, mit einem Reporter der »Bild«-Zeitung. Die Bayern-Führung hatte mir vorher versichert, daß der Mann in Ordnung sei, deswegen gab ich ihm ein längeres Interview über den DDR-Fußball. Am nächsten Tag erschien es unter der Schlagzeile »10 Honecker gegen 1 Beckenbauer«, die sich darauf bezog, daß ich gesagt hatte, Autogramme von Franz Beckenbauer seien auch in der DDR sehr begehrt.

Das war sehr unangenehm, aber der Reporter entschuldigte sich sofort bei mir. Er war für die Schlagzeile nicht verantwortlich, die hatte jemand in der Redaktion fabriziert. So funktioniert das wohl auch heute noch.

Dieter Fuchs war von 1982–86 Cheftrainer des DDR-Fußballverbandes DFV.

Günter Gaus

Sparwasser und das Protokoll

Wo ich war, als das Sparwasser-Tor fiel? Ich saß erste Reihe Mitte auf der Haupttribüne des hamburgischen Volksparkstadions; des Protokolls wegen. Denn wenige Tage vorher war ich in Berlin (Ost) als der erste Ständige Vertreter der BRD bei der DDR akkreditiert worden. Willi Stoph, der seinerzeitige Vorsitzende, hatte mein Beglaubigungsschreiben im großen Audienzsaal des Staatsratsgebäudes entgegengenommen, nachdem ich eine im Hof für mich aufgestellte Truppe von Soldaten abgeschritten und die Spalterflagge – Hammer und Zirkel im Ährenkranz – mit einem knapp bemessenen Kopfnicken gegrüßt hatte. Quasi als Gegengabe war das sogenannte Deutschlandlied von einer Militärkapelle intoniert worden, gewiß in Berlin Mitte zum ersten Mal seit 1945 wieder amtlich, sobald mein schwarzbeschuhter Fuß unter dem dunklen Anzug, dezente Krawatte obligatorisch, aus dem Automobil heraus den protokollarischen Boden betrat. Dann hatte der befehlshabende Offizier seinen Degen vor mir gesenkt, wozu er sprach: »Hauptmann Weiß meldet die Ehrenkompanie des Wachregiments ›Felix Dserschinski‹ angetreten. Die Losung des Tages ist: Mit ganzer Kraft für den Frieden.« Alles wie international gebräuchlich. Nur eine Abweichung vom üblichen Akkreditierungsprotokoll gönnte sich die DDR diesmal: Eigens für diesen Tag war vor dem Staatsratsgebäude eine Baugrube ausgehoben worden, deren einziger Zweck der Vorwand war, den feierlichen Akt auf den Hinterhof zu verlegen, was Zaungäste, die womöglich auf die Hymne eindeutig oder zweideutig reagiert hätten, ausschloß. Schon nächste Nacht war die vorsorgliche Grube

wieder zugeworfen worden. Nun saß ich in Hamburg und er-
füllte durch mein Dasein auf der Tribüne des Hamburger Fuß-
ballstadions meine protokollarische Pflicht; wie es auch, drei
Plätze rechts von mir, der Ständige Vertreter der DDR, Michael
Kohl, tat. Auch der damalige Bundeskanzler, Helmut Schmidt,
hatte es sich nicht nehmen lassen, durch seine Anwesenheit ein
Zeichen zu setzen. Und nicht nur das: Als er sich, etwas verspä-
tet, an mir vorbeischob in der ersten Reihe, verkehrte er zum ersten und einzigen Mal mit mir auf First-name-Basis: »Das ist
schön, Günter, daß Sie aus Berlin herüber gekommen sind« –
laut genug gesprochen, daß Michael Kohl hören und nach
Hause berichten konnte, wie eng das Verhältnis zwischen meinem Dienstherrn und mir war. Sollte Kohl das schriftlich getan
haben, dann hätte er damit eine Wahrheit für die Akten in die
Welt gesetzt; Akten sind geduldig. So war der Tag, an dem Sparwasser das hier in Rede stehende Tor schoß, ein Tag wie geschaf-
fen für diplomatische Finesse; aber natürlich auch einer der di-
plomatischen Besorgnis. Keine Grube weit und breit. Würden
also viele der aus der DDR in Omnibussen angereisten Zuschauer, geschützt von der Masse, im Sinne ihrer Obrigkeit politisch unkorrekt jubeln und Verlegenheiten auslösen? Sparwassers Tor jedoch schuf dann vorübergehend aus dem Sein der
DDR ein Selbstbewußtsein.

Günter Gaus war Chefredakteur des »Spiegel«, 1974 wurde er der
erste Ständige Vertreter der BRD bei der DDR.

JOHANNES GROSCHUPF

Die Hölle

Als das Sparwasser-Tor fiel, war ich in der Hölle. Ich ließ alle
Hoffnungen fahren – auf die Fußballweltmeisterschaft für uns
und auf ein menschenwürdiges Dasein für mich. Ich wußte,
was ich von einem Sieg der DDR zu halten hatte. Ich hatte eine
Tante in Magdeburg, eine unglaublich fette Person, die uns zu
Weihnachten völlig indiskutable Geschenke schickte. Und ich
hatte mich mit einem entfernten Verwandten in Ost-Berlin einmal fast geprügelt, weil er behauptet hatte, daß unsere Nachrichtensprecher notorisch logen. Dabei war das natürlich Quatsch,
denn denen ihre Nachrichtensprecher logen, daß sich die Bal-
ken bogen. Bei uns zu Hause war der vierte Knopf am Fernseher, hinter dem sich das DDR- Programm verbarg, strikt tabu
– ob für Nachrichten oder für Sportübertragungen.

Die Niederlage gegen die DDR (»DDR«!) war eine Schmach,
von der ich mich erst am Tage des Endspiels wieder zu erholen
anfing. Noch elender als beim Sparwasser-Tor fühlte ich mich
eigentlich nur, als – wenige Jahre später – mein FC Bayern gegen Schalke mit 0:6 verlor, ebenfalls zu Hause ... und die Schal-
ker trugen genau die gleichen widerwärtigen blauen Trikots
wie damals die DDR-Spieler. Das Endspiel ist mir bis heute leb-
haft gegenwärtig – Vogts Foul, Hölzbeins Schwalbe, Breitners
Elfer, Müllers Tor; an das Spiel gegen die DDR im Volksparkstadion jedoch habe ich keine Erinnerung bewahrt, nicht einmal
an das Tor – ich weiß nur mein grenzenloses Entsetzen, als
Sparwasser (allein schon der Name!) jubelnd abdrehte (allein
schon diese Trikots!).

Erschwerend wirkte der Umstand, daß wir erst seit kurzem

einen Farbfernseher hatten, und was sich dort auf dem Bildschirm in leuchtenden Farben abspielte, war bunter als meine normale Realität, einfach wirklicher als die Wirklichkeit. Aber am allerschlimmsten war, daß es wahr war. Mein Vater, der von Fußball keine Ahnung hatte, murmelte noch: »Das kann doch nicht wahr sein.« Mir aber war sofort klar, daß unsere Männer das Spiel nicht mehr würden herumreißen können, nicht an diesem Abend. Freilich versuchte ich tags darauf, über den Sportteil der »Lüneburger Landeszeitung« gebeugt, den Ball auf dem Foto doch noch irgendwie aufzuhalten auf seinem Weg ins Tor.

Als zehnjähriger Fußballfan hatte ich einfach noch nicht die Schutzmechanismen entwickelt, mit denen man solch brennende Scham lindern konnte – in der Kneipe ein Bier nach dem anderen einschütten, »das ist nur ein Trick von Schön, damit wir nicht auf die Brasilianer treffen« lallen, usw. Nein, ich schlug mich im Ernst mit der Überlegung herum, was aus uns würde, wenn die DDR den Weltmeistertitel erringen würde (denn wer uns schlug, konnte logischerweise auch jede andere Mannschaft schlagen). Den Glauben an meine deutsche Nationalelf hatte ich jedenfalls völlig verloren und nahm ihre Eskapaden in Malente mit einer Leichenbittermiene zur Kenntnis. Mag ja sein, daß jene Ausbrüche aus dem Lager erst die wundersame Wandlung ermöglichten. Ich wurde jedenfalls erst versöhnt, als der große Sieg gegen Schweden gelang, und dann die wundervolle erste Halbzeit gegen die Niederländer lief. Und seither bin ich ein wissender Verfechter all jener spirituellen Lehren, die den Ich-Tod auf dem Weg zur Erleuchtung zwingend voraussetzen.

Johannes Groschupf ist freier Journalist und Autor, er lebt in Berlin.

KARL-HEINZ HEDDERGOTT

Gegnerbeobachtung

Ich war damals derjenige, der für Bundestrainer Helmut Schön gegnerische Mannschaften beobachtete – heute machen diesen Job noch neun weitere Experten. Das Spiel gegen die DDR habe ich zu Hause vor dem Fernseher gesehen, ich kam gerade von einem Spiel in Frankfurt zurück. Für die DDR war dieser Sieg wohl historisch, zumal unsere Mannschaft die professionellere Truppe war und eigentlich auch die besseren Chancen hatte.

Aber Bundestrainer Schön war kein Mann, der tobte. Er hat den Spielern lediglich erklärt »So geht's nicht!« – er war ein intelligenter Mann, sehr gefühlvoll und introvertiert, der primär der Freund eines jeden Spielers war. Als Coach einer Bundesligamannschaft wäre er wohl nicht damit klargekommen, jede Woche zu zittern, aber als Bundestrainer machte er sehr gute Arbeit.

Nach dem Spiel gegen die DDR fuhr ich vor dem Spiel in Düsseldorf gegen Jugoslawien ins Trainingslager nach Kaiserau, um Schön meine Beobachtungen über die jugoslawische Elf mitzuteilen. Beim Match gegen die DDR war keine Ordnung im westdeutschen Spiel gewesen, was vor allem daran lag, daß Beckenbauer – unabsichtlich – Overath neutralisiert hatte. Franz sollte in dem folgenden Spiel nun die Abwehr organisieren und, wenn die Mannschaft sich konsolidiert hatte, nach vorne gehen und Tore machen. Das Mittelfeld sollte er Overath überlassen.

Das führte in der Begegnung gegen Jugoslawien zum großen Umschwung. Ich konnte zwar nur eine Halbzeit sehen, dann wurde ich zum Spiel Schweden gegen Polen geflogen, war aber schon nach dem 1:0 unserer Mannschaft davon überzeugt, daß uns nun keiner mehr schlagen konnte. Man erkennt die Ordnung einer Mannschaft, auch die hierarchische, daran, ob alles ineinanderfließt. Der Torhüter, der Abwehrorganisator, der Mittelfeldregisseur, der Goalgetter müssen integriert sein – heute ist das ein bißchen anders, heute spielt jeder auf jeder Position und aus jeder Position heraus.

Heute bin ich Rentner, aber wenn ich mir Fußballspiele ansehe, dann spiele ich immer noch mit und analysiere automatisch die Mannschaften. Das habe ich schließlich mein Leben lang getan, auch im Ausland: Sechs Jahre war ich am Golf, fünf Jahre in den USA, 1963 habe ich zum Beispiel als Fifa-Instructor in Kuala Lumpur den ersten asiatischen Trainerlehrgang geleitet.

Karl-Heinz Heddergott ist pensionierter Fußball-Trainer.

SILVIA SZYMANSKI

Seitenverkehrter Mond

Wo war ich? Laut Freund Fritz vielleicht bei ihm. Er war jedenfalls da. Aber wenn Fußball ist, achten die Leute nicht darauf,
ob sonst noch einer da ist und wie's dem geht. Das eigene Leben
setzt für 90 Minuten aus. Meins auch. Doch während die anderen zu Vogts oder Müller wurden, wurde ich mental zum Möbel-
stück. So wurde mir erst kürzlich durch den Aufruf in der
»Jungle World« bewußt, daß die DDR einmal eine eigene Fuß-
ballnationalmannschaft hatte, die ich gesehen haben muß.

Ich war fünfzehn.

Fritz' Mutter schmierte Schnittchen mit Konservencamem-
bert von Aldi. Der Käse war wie Gummi; die haben ihn gekocht, bevor sie ihn in die Büchse taten. Fritz' Vater lag auf
dem Sofa, lachte verzweifelt auf und rief: »Das gibt's doch nicht.
Guck dir das an. Schade!«

Daß es zwei Deutschlands gab, hat mich als Kind beunru-
higt, weil ich dachte, das andere sei ein paralleles Land, an den
Grenzen gespiegelt, ein Doppelgänger aus Antimaterie mit einem seitenverkehrten Mond. Es war, als hätte man mir gesagt,
mich gebe es nochmal, mit einem zweiten Vater und einer zweiten Mutter. Eine gespenstische Vorstellung.

»Aber wir sind im richtigen Deutschland, ne, Papa?« »So
kann man das nicht sagen. Beide sind richtig.« Das hab ich nicht
verstanden.

Fritz ging als Kind mit seinem Vater mal ein Spiel ansehem,
der heimische VFR Übach-Palenberg kickte gegen die Amateure
des 1. FC Köln. »Wer von denen sind die richtigen Deutschen?«
fragte er. »Das sind alles Deutsche«, sagte sein Vater. Mit dieser

polytheistischen Art kam auch der kleine Fritz nicht klar. Zu wem sollte man da halten? War denn jetzt alles egal, oder was?

Aus der DDR kamen 1974 nüchterne, korrekte Briefe, in denen uns die Schul- und Sportleistungen unbekannter Kinder mitgeteilt wurden. Ich kriegte eine blonde Puppe von drüben aus komischem Kunststoff, der so extrem roch, daß ich dauernd an ihr schnuppern mußte. Ich spielte selten mit ihr; ich hatte schon so viele Puppen, mir fiel nichts mehr ein, was sie noch darstellen konnte. Aber sie sah hübsch aus.

Hieß »Sparwasser« nicht auch der Mann, der die Geldgewinne bei der Aktion Sorgenkind brachte? Nein, SparBIER! Oder?

1974 sind wir mit der Belegschaft nach Berlin gefahren und haben die Eternit-Werke besichtigt. Eternit verlor im Freundschaftsspiel gegen Übach-Palenberg 4:5. Bei einem Diavortrag über Eternit gab es Eisbein, eine »Berliner Spezialität«. Hä? Ich dachte, Eisbein kommt aus Bayern!? Die sollten hier nicht anfangen, mir von zwei verschiedenen Eisbeinen zu erzählen, von denen beide die richtigen, alle deutsch und alle lecker wären!

Ich hatte mich geirrt. Was aus Bayern kommt, sind nicht die Eisbeine. Ich hab sie mit den Schweinshaxen verwechselt.

Wir haben auch über die Mauer geguckt, aber ich weiß nicht mehr, was ich da gesehen habe.

Am nächsten Tag sahen wir in einem Restaurant ein altes russisches Paar. Sie sahen aus wie Schauspieler von früher. Ihr Tisch war voll angefangener Leckereien und Likörchen, die der Mann in einem fort für die Frau bestellte. Er redete in nostalgischer Liebe auf sie ein. Er weinte. Sie war betrunken. Sie zog ihre Perücke herunter und kratzte sich den kahlen Kopf.

Das weiß ich noch. Das fand ich interessant. Aber das war nicht am 22. Juni.

Silvia Szymanski ist Schriftstellerin und Sängerin der Me-Janes.

WOLFGANG WELT

Es reichte zur Mystifizierung

Es war die WM der langen Haare, von denen mit die längsten Günter Netzer trug, und wenn ich an das Sparwasser-Tor zurückdenke, sehe ich vor allem den Gladbacher vor mir, der damals schon sein Geld bei Real Madrid scheffelte, wie er sich während des Spiels gegen die DDR auf der Laufbahn warmmachte. Ich kann mich nicht mehr erinnern, ob er tatsächlich dann noch eingewechselt wurde. Jedenfalls war danach seine Länderspielkarriere zu Ende, und »der Rolls Royce mit dem Motor eines Rasenmähers« (so eine spanische Zeitung) lebte fortan von seinem Ruf, den er sich hauptsächlich durch das Englandspiel 72 in Wembley und durch die Verlängerung im Pokal-Finale 73 erworben hatte. Das reichte zur Mystifizierung. Schon damals wurde »Netzer kam aus der Tiefe des Raumes« (K. H. Bohrer) ein geflügeltes Wort. Er lebt heute noch gut davon und kassierte ein hohes Honorar von der ARD für seine altklugen Kommentare während der letzten Weltmeisterschaft in Frankreich.

Außerdem sah ich live zwei Holland-Spiele in Dortmund. Zu der Begegnung mit Brasilien wurde eigens Henry Kissinger ins Westfalenstadion eingeflogen. Das Match artete aus, weil die Männer von der Copacabana sich als schlechte Verlierer entpuppten.

Sexuell hatte ich in der Zeit eine Affäre mit einer Nachhilfeschülerin aus der Nachbarschaft, die aber schon nicht mehr die Jüngste war, sodaß keine Unzucht mit Abhängigen oder Minderjährigen vorlag. Später wurde sie nach erfolgreichem Abitur Scientologin und dürfte mittlerweile eine Thetanin geworden sein.

Ich hatte 1974 mehr Zeit als sonst, weil ich mir beim Fußball in der Bezirksklasse für SuS Wilhelmshöhe einen Außenknöchel gebrochen hatte und ein Jahr lang pausieren mußte. Ich fing an, mich ernsthaft mit Literatur zu beschäftigen, und allmählich reifte in mir der Plan, Schriftsteller zu werden. Ich studierte aber noch und verdiente mir als Bierfahrer jeden Sommer so viel Asche, daß ich auch ohne Bafög klarkam.

Als ich neulich hier im Theater einige DDR-Leute, die der auch aus dem Osten stammende Intendant engagiert hatte, fragte, ob sie sich noch an das Sparwasser-Tor erinnerten, fingen bei den meisten die Augen an zu glänzen, auch wenn sie (angeblich?) regimekritisch gewesen waren. Mir war der Treffer im Grunde egal. Ich war kein BRD-Patriot, andererseits kein Freund der DDR. Auf jeden Fall konnte man damals sehen, daß Berti Vogts schon als Spieler keinen Schimmer hatte, wie man Fußball spielt, denn eigentlich ging jenes Tor auf seine Kappe.

Wolfgang Welt arbeitet als Autor und Nachtportier im Schauspielhaus Bochum.

HAGEN BOSSDORF

Salzstangen und Erdnußflips

Am Tag, als Jürgen Sparwasser den Weg zu Sepp Maiers Tor fand, war ich zu Hause. Schließlich begann das Spiel erst gegen 20 Uhr, und ich war erst neun Jahre alt.

Schon vor Sparwassers Tor war dieser Tag ein besonderer für mich, denn ich durfte trotz der fortgeschrittenen Tageszeit dem deutsch-deutschen Fußballspiel vor dem Fernseher beiwohnen. Ein besonderes Erlebnis, denn es gab Salzstangen, Erdnußflips und Bitter Lemon, die extra aus der Hauptstadt der DDR herangekarrt worden waren. Nicht wegen Sparwasser und Beckenbauer, sondern wegen Tante Hannelore und Onkel Wilfried, die aus Potsdam zu Besuch gekommen waren.

Insofern lief der Fernseher vor durchaus beeindruckender Kulisse mit zweimal Eltern, einmal Oma, zweimal Verwandtschaft, einmal Hund und mir. Vom Spiel selbst sind mir nur drei Situationen in Erinnerung geblieben: Die Riesenchance von Hansi Kreische aus Dresden vor dem leeren westdeutschen Tor, die gelbbestrafte Schauspieleinlage desselben Spielers und das Tor. Das Tor der Tore.

78. Minute. Abwurf vom späteren Zwickauer Bürgermeister Jürgen Croy, damals Torwart der Betriebssportgemeinschaft Sachsenring Zwickau, dann die Flanke vom Hauptmann der Nationalen Volksarmee Erich Hamann, gerade eingewechselter Mittelfeldarbeiter vom FC Vorwärts Frankfurt/Oder und schließlich die historische Vollendung vom Bördekicker Jürgen Sparwasser vom 1. FC Magdeburg. Seitdem habe ich nie mehr verstanden, warum Hans-Hubert Vogts ein großartiger Verteidiger gewesen sein soll.

Tor und Ergebnis hatten für mich zwei Konsequenzen: Ich wurde am Rotkäppchen-Sekt-Gelage der Erwachsenen beteiligt. Und ich erwarb kurze Zeit später auf dem Soli-Basar der DDR-Journalisten auf dem Berliner Alexanderplatz am Stand vom »Deutschen Sportecho« ein Original-Foto von Sparwassers Tor. Dieses Bild hing jahrelang an der Wand meines Kinderzimmers. Und deshalb erinnere ich mich immer an den Tag, an dem das Sparwasser-Tor fiel.

Hagen Boßdorf ist Sportchef des ORB-Fernsehens.

GISBERT HAEFS

Nur Garnitur

Ich war solo in der Studentenbude. Nein, das stimmt nicht, ich war bei meiner Mutter zu Besuch. Wir schauten uns das Spiel mit distanziertem Amüsement gemeinsam an, denn, und das war viel wichtiger, vor- und hinterher spielte ich mit ihr und einer Tante Skat. Meine Mutter war die listigste Skatspielerin, mit der ich je zu tun hatte, es war immer wieder überraschend, was sie aus Blättern machte, und ich habe danach selten jemanden getroffen, der ebenso ausgezeichnet tückisch spielte wie sie. Wenn wir Skat spielten, war alles andere Garnitur, selbst dieses Fußballspiel.

Für mich ging es dabei sowieso nicht darum, wer dieses Zusammentreffen gewinnen würde, allenfalls um die Frage: Overath oder Netzer und »hoffentlich kriegen die arroganten Jungs mal einen auf den Deckel«; deswegen war ich sehr zufrieden, als Sparwasser den Treffer erzielte. Denn der bedeutete auch, daß Netzer nicht mehr aufgestellt werden würde – Netzer hatte tolle Momente in der Liga, aber Overath war meiner Meinung nach in der Nationalmannschaft einfach präsenter.

Ein richtiger Fußball-Fan bin ich nicht, ich schaue mir gerne gute Spiele an, wenn es welche gibt, aber grundsätzlich interessiert mich eher die Ästhetik des brasilianischen Fußballs. Wenn etwas Größeres, wie z.B. eine Weltmeisterschaft, läuft, dann bin ich natürlich dabei.

Der Schriftsteller Gisbert Haefs lebt in Bonn.

Matti Lieske

Chile sí, Junta no!

Das Spiel BRD gegen die DDR habe ich nicht gesehen, ich wäre da wohl gegen die Mannschaft der Bundesrepublik, aber auch gegen die der DDR gewesen. Allein schon das »Sieben-acht-neun-Klasse!« ging mir auf die Nerven, ebenso die dazugehörigen, sorgfältig ausgewählten biederen DDR-Fans. Aber ich habe die Spiele der DDR-Elf sehr wohl verfolgt, eines sogar live im Berliner Olympiastadion. Ein Chile-Solidaritätskomitee hatte zu Aktionen während der Spiele der chilenischen Elf aufgerufen, der Putsch lag noch nicht lange zurück. Bei der Begegnung Chile-DDR hatte sich deswegen ein eigener Block, ca. 3.000 Leute, gebildet. Wir schmuggelten Transparente mit der Aufschrift »Chile sí, Junta no« ins Olympiastadion und riefen das auch – der Sprecher im BRD-Fernsehen kommentierte das so: »Die chilenischen Fans feuern ihre Mannschaft unverdrossen an!« Eigentlich war geplant, während des Matchs mit chilenischen Fahnen und Transparenten den Platz zu stürmen, weil dies mehr Publizität gebracht hätte, aber das klappte bei diesem Spiel nicht, sondern erst bei der Begegnung der Chilenen mit Australien. Da war ich nicht dabei. Dort haben dann einige Leute mit einer Fahne und einem Riesentransparent, das von mehreren festgehalten werden mußte, auf dem Platz gestanden und die Faust kämpferisch in die Höhe gereckt. Bis sie schließlich festgenommen wurden, eine Strafe erhielten sie nicht. Die chilenischen Spieler standen währenddessen herum, nur einer grinste verstohlen, aber eingegriffen hat auch keiner von ihnen – klar, sie konnten sich ja denken, was ihnen sonst nach der Heimkehr passieren würde. Das Spiel wurde damals nur vom

DDR-Fernsehen live übertragen – im BRD-TV lief eine andere Begegnung, und der Sprecher, ich glaube, es war Oertel, schien ratlos zu sein. Einerseits mußte er die Aktion gut finden, andererseits konnte er die Störung eines Fußballspieles nicht gut heißen, er eierte also ziemlich herum.

Diese »Chile sí, Junta no!«-Aktion wurde live in alle Welt übertragen, natürlich auch nach Chile, und von dort haben wir dann später gehört, daß sie sehr gut angekommen ist.

An das Endspiel der WM erinnere ich mich dagegen gut: Eine meiner WG-Mitbewohnerinnen und ich waren als einzige für die Niederlande, in der ersten Halbzeit haben wir frohlockt, in der zweiten waren wir ziemlich kleinlaut. Johan Cruyff war damals mein Lieblingsspieler, ich kann mich an jede seiner Aktionen erinnern, angefangen vom ersten Spiel gegen Uruguay bis hin zum letzten mißglückten Schuß gegen Sepp Maier im Endspiel.

Matti Lieske ist seit 1983 Sportredakteur bei der »taz«.

Veit Spiegel

1. Mai im Trainingsanzug

1974 war ich zehn, kurz vor der WM hatte ich mich bei einem Verein in der Sektion Fußball angemeldet. Denn statt mit der Schule durfte man dann zur 1. Mai-Demonstration mit dem Verein gehen, dort war man nicht so beaufsichtigt und durfte Trainingsanzug tragen. Damals hatte ich noch nicht soviel Ausdauer, mir ein ganzes Spiel anzusehen, deswegen bin ich während der Begegnung zwischen der DDR und der BRD in den Garten gegangen und habe gespielt. Plötzlich hörte ich von drinnen Schreie. Aber mein Vater und sein Kumpel schrien immer, wenn ein Tor fiel, deswegen konnte ich da noch nicht wissen, wer es geschossen hatte. Als ich dann hörte, daß die DDR gewonnen hatte, habe ich mich sehr darüber gefreut, denn das bedeutete ja immerhin den Gruppensieg für die Mannschaft.

Gegen wen sie gewonnen hatte, war mir eigentlich egal, für mich war Westdeutschland ein Land wie jedes andere auch. Ich bin mit der Teilung aufgewachsen, deswegen hat mir dieses einzige Spiel zwischen beiden Staaten auch nichts Besonderes bedeutet. Heute kann man es aber immer mal wieder anbringen, wenn man Westdeutschen die makellose Länderspiel-Bilanz der DDR gegen die BRD unter die Nase reiben will.

Am meisten beeindruckt haben mich 1974 allerdings die Demonstrationen, die während mancher Spiele gegen die Diktatur in Chile stattfanden. Zwei Jahre später, 1976, erlebte ich den Olympiasieg der DDR im Fußball schon bewußter, für das Endspiel gegen Polen bin ich sogar extra wach geblieben. Wieder zwei Jahre später scheiterte die DDR dann in der WM-Qualifikation gegen Österreich. Ab dann hatte man andere Interessen.

Nationalspiele interessieren mich nicht mehr so, ich bin Fan von Hansa Rostock. »Fröhlich sein und singen« hieß in der DDR eine Zeitschrift der Jungen Pioniere, nach der haben wir dann unser Fanzine genannt. Dem »Frösi« wird manchmal DDR-Verherrlichung vorgeworfen, weil wir immer wieder die offiziellen Bilder und Parolen drucken, die dahinterstehende Ironie wird eben manchmal nicht wahrgenommen. Wir zeigen Bilder, die so panne sind, daß sie schon wieder gut sind, das ist alles. »Frösi« ist einfach Selbstverarsche – deswegen hatten wir auch schon mal einen großen Bericht über eine Aldi-Eröffnung in einem kleinen Dorf.

Veit Spiegel gibt das Hansa Rostock Fanzine »Frösi« heraus.

MIKLÓS PATAKY

Rache für 1954

An den 22. Juni 1974 kann ich mich sehr gut erinnern. Ich arbeitete damals in einer Düsseldorfer Werbeagentur und schrieb mehr oder weniger lustige Texte für Zahnpasten, die FDP und andere Markenartikel. Am 22. Juni guckte die halbe Agentur (die männliche Hälfte) Fußball im Fernsehen, allerdings mit mäßigem Interesse: Was wollen schon *die* von drüben.

Ich stand jedoch an jenem Tag vor einem richtigen Dilemma: Seit 1954, also seit die Deutschen in Bern uns Ungarn die Weltmeisterschaft geklaut haben (jawohl: geklaut!), drücke ich natürlich immer den Gegnern der Deutschen die Daumen. In anderen Disziplinen nicht (besonders bei Steffi Graf, Franziska von Almsick oder Kati Witt), aber beim Fußball immer. Nur: Wem sollte ich beim Spiel BRD-DDR die Daumen drücken? Die Gegener waren ja auch Deutsche. Ich kam schwer ins Grübeln. Denn einerseits hatten uns zwar nicht die Ost-, sondern die Westdeutschen geschlagen, deren arglistiger Trainer Sepp Herberger im Endspiel infamerweise eine viel bessere Mannschaft gegen uns aufstellte als die, die wir in der Vorrunde 8:3 geschlagen hatten. Andererseits argwöhnte ich, daß sich die DDR-Deutschen damals klammheimlich mitgefreut hatten, zumal 1954 noch längst nicht so auseinandergewachsen war, was heute immer noch nicht wieder zusammengewachsen ist.

Doch wohl oder übel mußte ich mich entscheiden – schließlich kann man bei einem so wichtigen Ereignis nicht einfach standpunktlos dastehen – und nach gründlicher Überlegung entschied ich mich für das im wahrsten Sinne des Wortes kleinere Übel: Ich drückte die Daumen der DDR. Denn erstens haben uns schließlich doch die Westdeutschen die WM in Bern geklaut, und zweitens waren die DDR-Deutschen auch einigermaßen unsere Schicksalsgenossen im Ostblock.

Allerdings machte ich mir keine großen Hoffnungen: Wenn die (West-)Deutschen sogar die beste Mannschaft der Welt (Ungarn) geschlagen hatten, was sollten da die armen DDR-Leute gegen die ausrichten? Als dann der Sparwasser frech und respektlos, quasi unerlaubterweise das Tor schoß und die DDR 1:0 gewann und die Westdeutschen mit einem ungläubigen »ausgerechnet *die*...« reagierten, konnte ich mir die Schadenfreude nicht verkneifen. Zwar scheint die Definition (leider) zu stimmen: »Fußball ist ein Spiel, da kämpfen 22 Leute um einen Ball, und am Ende siegen die Deutschen«, aber dieses Mal waren immerhin auch die Verlierer Deutsche.

Miklós Pataky lebt als freier Journalist in Hamburg.

PEGGY PARNASS

Liebe und Fußball

Ich lebte mit dem schönen Josef. Ein ganzes Jahr und nicht viel mehr. In einem kleinen Fachwerkhaus, das Josef aufs entzückendste ausgebaut hatte. Mitten in der Stadt, nur ein paar Schritte vom Strafjustizgebäude entfernt.

Der schöne Josef hatte schöne Vorgänger. Den schönen Peter, den wunderschönen Ahmed, den wahnsinnig schönen Derval.

Auch mit denen war's kein Honigschlecken. Aber am 22. Juni 1974 war nun wirklich die Hölle los. Josef hat mir dies angetan und auch das – vielleicht auch ich ihm. Geflucht, geschrien und mit Selbstmord gedroht hab aber nur ich. Das heißt, drohen tat er auch, nur nicht mit Selbstmord.

Ein deutsches Essen, von ihm gekocht, stand auf dem Tisch. Irgendwas Deftiges mit viel fettem Speck. Auch damit konnte er mich nicht gemeint haben. Irgendwann stürzte ich raus, warf mich am Karl-Muck-Platz laut heulend auf den Grünstreifen und litt. Spät, aber doch, legte sich mein Geschluchze, und ich war wieder ich selbst. Fühlte mich schuldig. Der arme Josef litt sicher genauso.

Zurück in unser Häuschen. Um ihn zu trösten und mich mit ihm zu versöhnen. Es war ziemlich laut. Josef traurig? Daß ich nicht lache. Völlig konzentriert, guter Dinge vorm Fernseher. Fußball. BRD-DDR. Mensch ja, das wollte ich ja auch unbedingt sehen. Spannender als Schmollen.

Oj oj oj – was für ein Spiel! Es geht dem Ende zu, immer noch 0:0. Da Tooor, Tooor!!! Sparwasser für die DDR. Wahnsinn!!! Ich jatzle und hüpfe auf und nieder.

»Du doofe Nuß!« Auch Josef springt auf. »So was Verblödetes

wie dich hab ich noch nie gesehen! Seit wann verstehst du was von Fußball? Verschwinde, bevor ich mich vergesse!«

Schon war ich wieder draußen. Aber nicht auf dem Weg zum Grünstreifen. Sondern zu Freunden, um das Tor zu feiern.

Peggy Parnass lebt und arbeitet als Kolumnistin, Reporterin, Autorin und Schauspielerin in Hamburg.

Fritz Herkenrath

Wie im Showgeschäft

Im Stadion war ich nicht, das Tor habe ich also nicht live gesehen, sondern zu Hause vor dem Fernseher.

In einer solchen Spielsituation wie der, die zum Treffer für die DDR führte, hat man als Keeper keine Zeit nachzudenken, also zum Beispiel zu überlegen, was man tun soll oder sich über die Abwehr aufzuregen – man handelt einfach nur intuitiv und reflexartig.

Ich kann mich an das Tor nur schemenhaft erinnern, das liegt wohl auch daran, daß mit den Jahren mein Abstand zum Sport gewachsen ist – nach der aktiven Zeit war mir meine berufliche Entwicklung einfach wichtiger. Und ich habe immer lieber selbst Sport getrieben, als zugeschaut.

Heute jedoch wird der Sport so stark vermarktet, wird so sehr unter dem Gewinn-Aspekt gesehen – was wohl sein muß, denn die vielen Millionen Menschen schalten schließlich des Sportes wegen ihre Fernseher ein –, daß ich lieber im Wald spazierengehe, als mir eines dieser Großereignisse anzusehen. Die Entwicklung des Sports geht ins Uferlose, nicht nur beim Fußball, auch die Olympischen Spiele haben beispielsweise nichts mehr mit ihrem Grundgedanken zu tun. Und der sogenannte kleine Mann wird als Zuschauer im Stadion systematisch ausgeschlossen, wie man zuletzt bei der WM in Frankreich sah, die für Eintrittskarten geforderten Preise sind einfach nicht mehr zu bezahlen.

Natürlich werden enorme Leistungen vollbracht, und ich gönne auch jedem Sportler, im Rampenlicht zu stehen, aber wenn ich mir überlege, welche Beträge mittlerweile an einzelne gezahlt werden – auch im Showgeschäft –, dann denke ich, daß mit unserer Gesellschaft etwas nicht stimmt. Niemand ist so wertvoll.

Ich frage mich auch oft, wie es wohl sein wird, wenn die Genforschung so weit ist, daß sie Menschen auf ihre potentielle sportliche Leistungsfähigkeit untersuchen kann. Wenn ich daran denke, dann bin ich froh, daß ich schon 70 bin.

Fritz Herkenrath war Torhüter bei der Fußball-Weltmeisterschaft 1958.

Lutz Herden

Eine klassische Kontersituation

Ich habe das Spiel damals am Bildschirm miterlebt, bei mir zu Hause in Halle. Das war in meiner Studienzeit, ich studierte von 1973 bis 1977 in Leipzig Journalistik. Ich kann mich vor allem an ein großes Erstaunen erinnern, als das bewußte Tor fiel, und an eine gewisse Unruhe, ob ein solches Ergebnis überhaupt gehalten werden könnte. Denn nach Sparwassers Tor waren noch zwölf Minuten zu überstehen, und die bundesdeutsche Mannschaft blieb drückend überlegen. Die DDR-Elf kam selten dazu, eigene Angriffe zu starten. Schließlich war auch der Treffer während einer klassischen Kontersituation gefallen.

Diese WM von 1974 fiel allerdings in eine Phase, in der mein Interesse am Fußball schon stark abflaute. Ich war längere Zeit Anhänger des HFC Chemie, während meiner Schulzeit bin ich regelmäßig zu den Oberligaspielen gegangen, aber mit dem Älterwerden verlagern sich die Interessen. Und heute muß ich ehrlich sagen, daß ich keinen Bezugspunkt zu den »gesamtdeutschen« Mannschaften habe. Das Skispringen gehört zu den wenigen Sportarten, die ich mir hin und wieder ansehe, aber seitdem Weißflog nicht mehr springt, auch das seltener.

Mein letzter Anlauf waren die Olympischen Spiele im vergangenen Jahr — die habe ich jedoch nur ertragen, weil ich sie im Urlaub in Frankreich verfolgt habe. Dort war die Berichterstattung zwar erkennbar patriotisch, aber im Ausland nimmt man das anders wahr. Die selbstgefällige Arroganz, von der heute die Sportkommentierung deutscher Fernsehanstalten geprägt ist, hat es in der DDR nicht gegeben. Natürlich war die Berichterstattung damals sehr stark DDR-bezogen, aber sie enthielt keinerlei nationalistische Färbung. Vielleicht, weil sie weniger mit dem Deutschsein zu tun hatte.

Lutz Herden ist Redaktionsleiter der Wochenzeitung »Freitag«.

Klaus Hansen

Den Kaiser vom Pferd zerren

Das Ergebnis des 22. Juni 1974 habe ich erst anderntags mitbekommen: »So nicht, Herr Schön!« titelte die »BamS« am Kiosk gegenüber. Ich studierte damals in Münster und wohnte in dem kleinen münsterländischen Dorf Angelmodde. Wir waren zu acht in unserem alten Bauernhof, eine Polit-Kommune. Über unserer Haustür stand in großen schwarzen Lettern auf rotem Grund: »Wer keine Angst vor Vierteilung hat, wagt es, den Kaiser vom Pferd zu zerren.« Eine Losung aus der Mao-Bibel. Meine Fußball-Leidenschaft köchelte auf Sparflamme, so sehr nahmen mich die ML-Schulungen und der Kampf gegen die Isolationsfolter mit. Dennoch schielte ich gelegentlich rüber nach Hiltrup, ins Waldhotel.

Dort hatte die holländische Nationalmannschaft Quartier bezogen. Die Spieler, so konnte man in den »Westfälischen Nachrichten« lesen, ließen es sich dort gut gehen. Man sah Torwart Jan Jongbloed beim Angeln am Baggersee hinterm Haus, und Flügelflitzer Jonny Rep, den ich besonders mochte, weil er mindestens ebenso viele Pickel im Gesicht hatte wie ich, wurde vom Fotografen beim Flirt mit einer Schuhverkäuferin erwischt. Als der Reporter den holländischen Bondscoach fragte, ob seine Spieler trotz des lockeren Lebenswandels alle fit seien, bekam er knappen Bescheid: »Den Jungens gucken die Knochen aus den Backen!«

Ein folgenreicher Satz. Für mich. Mit diesem Satz, den ich mir aus der Zeitung ausschnitt und in meinen Taschenkalender klebte, begann meine Beschäftigung mit dem Fußball als Textsorte. Seither sehe ich Spielern und Trainern, Fans und Reportern aufs Maul; sie liefern mir den Rohstoff für meine Fußball-Satiren.

Auch das Sparwasser-Spiel hatte seine sprachlichen Reize, schon die Ankündigung war ein Politikum: »Deutschland gegen die DDR.« Das ist ein Ton, der noch heute nicht verklungen ist. Bis vor kurzem gab Springers »Welt« bei der Anzahl der Länderspiele, die Matthias Sammer für Deutschland bestritten hat, nur die Zahl der Begegnungen seit der »Wiedervereinigung« an – seine 23 Einsätze für die DDR wurden nicht erwähnt. Ebenfalls nicht lange her ist es, daß man vom Politiker Kinkel schrieb, er sei »der erste deutsche Außenminister, der Vietnam besucht«; dabei wurde übersehen, daß Otto Winzer schon lange vor Kinkel in Hanoi war. Und wie zum Beweis, daß noch heute die ehemalige DDR nicht zu Deutschland gehört, wird über die Ferienpläne der Bonner Parlamentarier berichtet, daß »einige Politiker Urlaub in Deutschland machen, während andere in die Lausitz fahren«.

Dabei könnte doch alles gut sein. Denn die Revanche für den 22. Juni 1974 fand am 3. Oktober 1990 statt: Deutschland eins, DDR null.

Klaus Hansen ist Professor für Politologie und Fußball-Poet.

ROR WOLF

Alles ist Material

Ich kann mit ziemlicher Sicherheit sagen, daß ich das Sparwasser-Tor aufgenommen habe. Damals wohnte ich auf dem Lerchenberg in Mainz und habe Rundfunkreportagen für eine Serie mitgeschnitten. Ich arbeitete an einer Radiocollage über die WM und schnitt deswegen alle Radioreportagen mit. Die Idee für solche Collagen hatte ich irgendwann in den Sechzigern.

Um 1968 herum habe ich dann damit begonnen, Fußball-Reportagen mitzuschneiden, was zunächst sehr schwierig war, weil ich in Basel wohnte. Insgesamt war das eine Sache, die sich über viele Jahre hingezogen hat. Aber diese Collagen laufen heute noch hin und wieder im Radio – die Arbeit hat sich also nach langer Zeit ausgezahlt.

1974 war diese Arbeit beinahe schon vorbei, ich wollte nur noch die WM mitschneiden und den Weg der bundesdeutschen Mannschaft dokumentieren. Damals war überhaupt nicht abzusehen, daß sie am Ende Weltmeister werden würde. So habe ich dann auch das Sparwasser-Tor live am Radio erlebt. Dabei besteht ein ganz klarer Unterschied, ob man eine Reportage aus Interesse am Fußball verfolgt oder weil man mit ihr arbeiten möchte. Es sind weniger Emotionen im Spiel, denn alles ist Material. Man kann die Form vorausplanen, jedoch nicht den Inhalt, deswegen schätzt man die Situationen danach ein, ob man sie verarbeiten kann, ob sie dem Material gut tun. Das Sparwasser-Tor kam mir deswegen sehr gelegen.

Heute bin ich immer noch Fußball-Fan, allerdings nicht so wie damals. Und mein Lieblingsverein ist nach wie vor Eintracht Frankfurt, und das ist das Problem. Ins Stadion gehe ich allerdings nicht mehr, ich habe genügend Apparate, die mir das Spiel ins Wohnzimmer bringen.

Der Schriftsteller Ror Wolf lebt in Mainz.

Doris Gercke

Niemand blieb im Westen

Es ist schon komisch, daß eine wie ich, die sich überhaupt nicht für Fußball interessiert, nach dem Tag gefragt wird, als Sparwasser ein Tor schoß — und sehr merkwürdig dann, daß ich mich trotzdem und ziemlich genau an diesen Tag erinnere — immerhin nach vierundzwanzig Jahren.

Ich war damals Mitglied im Kreisvorstand der DKP in Hamburg-Bergedorf. Unser Vorsitzender war Karl-Heinz Unger, ein klassenbewußter Arbeiter. Er und seine Frau hatten zu denen gehört, die nach dem Krieg unter Einsatz ihres Lebens Helgoland besetzt hatten, um es vor der Zerstörung durch englische Bomben zu bewahren. Die beiden waren, glaube ich, die ersten »richtigen Kommunisten«, die ich während meiner APO-Zeit kennengelernt hatte. Ich habe sie sehr bewundert und viel von ihnen gelernt.

Karl-Heinz war älter als ich und arbeitete als Glaser beim Bau. Das war damals (ich weiß nicht, ob es heute immer noch so ist) eine sehr schwere körperliche Arbeit. Deshalb war der Genosse Unger abends zu kaputt, um unsere endlosen Sitzungen zu leiten, auf denen, wie wir glaubten, wichtige politische, strategische und organisatorische Fragen geklärt wurden — mindestens dreimal in der Woche. Es war deshalb meine Aufgabe, den Genossen als Vorsitzende zu vertreten. Ich hab' das gerne gemacht — und mit ein wenig schlechtem Gewissen, denn ich war nicht immer sicher, ob ich alles richtig machte.

Das schlechte Gewissen hatte ich auch, als ich erfuhr, daß ich, vermutlich stellvertretend für ihn, den Auftrag bekam, für einen der Reisebusse mit DDR-Bürgern, die zum Spiel gekommen waren, eine Stadtführung zu machen und die Leute anschließend ins Volksparkstadion zu begleiten. Ich war sicher, der Genosse Unger wäre selbst gern mitgefahren. Aber natürlich gab es deshalb am Bau nicht frei.

Ich erinnere mich, daß ich irgendwo in der Stadt in den Bus gestiegen bin und dann, alle meine Kenntnisse über Hamburg zusammennehmend, versucht habe, den Besuchern die Stadt zu erklären. Kritisch zu erklären, natürlich. Vermutlich haben mich die Leute im Bus für nicht ganz bei Trost gehalten. Aber sie haben mir ohne zu murren zugehört. Irgendwann sind wir dann im Stadion gelandet und haben das Spiel angesehen.

Es war, ich hab' es jedenfalls so empfunden, eine merkwürdige Stimmung um uns herum. Viel Bier wurde getrunken, die DDRler haben sich nicht gleich getraut, für ihre Mannschaft zu schreien. Aber irgendwann war dann alle Vorsicht vergessen. Ich hab' mich die ganze Zeit unbehaglich gefühlt und war froh, als die Sache vorbei war. Der Bus mit den zufriedenen DDRlern fuhr gleich nach dem Spiel nach Rostock zurück, und ich war erlöst.

Am nächsten Tag gab's eine »Einschätzung« des Ablaufs der Aktion. Da hab' ich erst mitgekriegt, daß meine Aufgabe wohl auch darin bestanden hatte, dafür zu sorgen, daß die DDR-Bürger in meinem Bus noch vollzählig waren, als ihr Bus zurückfuhr. Es war aber so, daß, jedenfalls aus meinem Bus, es niemand vorgezogen hatte, im Westen zu bleiben. Ich war nachträglich darüber froh.

Ich glaube, aus irgendeinem vertrackten Grund hätte ich dem Genossen Unger ungern gebeichtet, daß mir jemand abhanden gekommen sei. Es wäre mir wie Verrat vorgekommen, obwohl ich, wenn ich jetzt darüber nachdenke, nicht genau weiß, warum. Vielleicht, weil er enttäuscht gewesen wäre. Und weil man die nicht gern enttäuscht, von denen man gelernt hat und die man achtet.

Doris Gercke lebt als Schriftstellerin in Hamburg.

HANS TOMATO

Ein ungeheuer wichtiges Spiel

Ich weiß gar nicht mal genau, wo ich an dem Tag des Spiels gewesen bin, ich weiß nur, daß ich es nicht gesehen habe. Das lag nicht daran, daß wir etwa keinen Fernseher gehabt hätten, nein, meine Eltern haben sich nur ganz einfach nicht für Fußball interessiert. Und ich war in diesem Sommer 1974 sowieso mit etwas anderem, für mich viel wichtigerem beschäftigt: Ich sollte bald eingeschult werden, und das hat mich ungeheuer bewegt, ich habe sogar geträumt davon.

Ein Jahr später dann geschah allerdings etwas sehr Seltsames – mein Vater weckte mich, für meine Begriffe mitten in der Nacht, plötzlich auf. Heute, im Rückblick, führe ich das natürlich auf das Sparwasser-Tor zurück. Mein Vater sagte mir nämlich, ich solle sofort aufstehen und fernsehgucken kommen, denn da liefe gerade ein ungeheuer wichtiges Fußballspiel und das müsse ich unbedingt sehen. Es lief das Europapokalfinale oder so, das Magdeburg dann sogar gewonnen hat.

Dann war für eine Weile wieder Schluß mit Fußball, bis dann auf einmal in der Schule Entscheidungen gefragt waren, denn in Ostberlin gab es zwei Fußballklubs, den BFC Dynamo und Union Berlin. Der BFC war der erfolgreichere Verein, und so habe ich mich dann für den Underdog entschieden, für Union. Daß das auch eine politische Entscheidung war, immerhin galt der BFC immer als Stasi-Klub, das habe ich damals natürlich noch nicht gewußt.

Hans Tomato ist Mitglied der Ostberliner Rockband »Herbst in Peking«.

JÜRGEN ROTH

Ernst-Jünger-Spezial I

Ist das Leben eckig? Ist es rund? Hat es Ähnlichkeit mit einem, äääh: Ball? Oder eher mit einer Kühltasche? Und wie lange hält es, das Leben, sich darin?

Wer weiß das? Ernst Jünger vielleicht?

Der müßte es ja eigentlich wissen. Und wenn − wird der es dann, wenn schon nicht uns, so wenigstens seinem Serientagebuch »Siebzig verweht« anvertrauen? Resp. der FAZ (Vorabdruck!) verraten?

»Letzthin hängt all und jedes zusammen, und durch jede Öse kann ein Faden geführt, durch jedes Schlüsselloch ein Geheimnis erspäht werden«, sagte Jünger einmal. Meint er den Faden des Lebens und das Schlüsselloch zum Erfolg? Ist es jenes apokryphe Wissen um das Geheimnis ewiger Vitalität (Kaltwasserschwimmen), das Jünger, jedem Wetter trotzend, die Höhen der Schwäbischen Alb wieder und wieder zu Fuß erobern läßt? Ist's Jüngers Basteltrieb? »Warum«, fragte er selbst am 30. 7. 1990 (»Siebzig verweht« IV), »schneide ich so gern Silberpapier?« Woher sollen wir das wissen? Warum sollen wir das wissen?

Wir trauen uns nicht, diesen Berg von Fragen zu beantworten, geschweige denn zu stellen.

Der Hechinger Kulturanthroposoph Wolf von Homburg hingegen besaß die Chuzpe, Jünger im Juni dieses Jahres darum zu bitten, seine Erinnerung an das Sparwasser-Tor 1974 schriftlich niederzulegen. Jünger ließ per Brief vom 11. Juli aus Langenenslingen-Wilflingen mitteilen:

»Ernst Jünger dankt für Ihren Brief. Was die Autoren-Umfrage betrifft, so hat Ernst Jünger in seinem langen Leben kein

Fußballspiel gesehen, noch sich mit dem Spiel selbst befaßt. Er kann es nur bedauern, daß Nationalspiele politischen Wertungen unterlegt werden. Mit freundlichen Grüßen, i. A. Georg Knapp«

Vielleicht ist es das, das Geheimnis eines langen Lebens: kein Fußball. Und keine politischen Wertungen unterlegen. Und jemand, der den Müll runterbringt und die Post macht.

Ernst-Jünger-Spezial II

Zu unserem Ernst-Jünger-Spezial I erreichte uns via Frankfurt/ Main folgende Nachricht aus Wilflingen:

»Ich muß Sie dringlich um Richtigstellung folgender Fehler ersuchen:

a) Ernst Jünger ließ über seine Hilfskraft Georg Knapp, aus dessen Brief an den Hechinger Kulturanthroposophen Wolf von Homburg ich zitiert hatte, keineswegs verlautbaren, er bedaure es, daß Nationalspiele politischen Wertungen unterlegt werden, im Gegenteil: ›Er‹, Ernst Jünger, ›kann es nur bedauern, daß Nationalspielen politische Wertungen unterlegt werden.‹ So heißt es in meinem Originaltext. Sagen Sie selbst — auch wenn Sie betrunken in den Seilen hängen sollten —, leicht einsehbar dürfte doch sein, daß der Halbsatz so herum eine völlig andere Aussage ergibt! Und im übrigen, wie soll das gehen: politischen Wertungen Nationalspiele unterlegen? Das wäre doch ein Ding der Unmöglichkeit, geradezu widersinnig, oder? Stellen Sie sich das mal bildlich vor...

b) Das Wort des Dichters darf weder verdreht noch verhunzt, noch sinnentstellend wiedergegeben werden. Auch seine persönliche Syntax, seine Orthographie und seine Lexik sind zu akzeptieren. Nicht schrieb Jünger: ›Letzthin hängt all und jedes zusammen.‹ Die Abbreviatur, ein Unterschied ums Ganze! ›Alles und jedes‹ als ›all- und jedes‹ — so wird ein Schuh und Prosakunst daraus. Wieso achten Sie solch differenzierte Schreibweise nicht?

Warum hören die Fragen nie auf? Gibt es denn keine Antworten mehr?

Doch: Ich war, als das Sparwasser-Tor fiel, sechs Jahre alt und höchstwahrscheinlich bereits zu Bette gebracht worden. Dafür besitze ich einen Mitschnitt der Radioreportage von jenem denkwürdigen Spiel, inklusive des Sparwasser-Tores. Kommentator: Heribert Faßbender. Fragen Sie den doch mal, wo er war, als das Sparwasser-Tor fiel, vielleicht erzählt er Ihnen Geschichten, die genausowenig stimmen wie das, was Sie Ihren Lesern als Ernst Jüngers Positionsbestimmungen zum modernen Weltfußball aufzutischen versuchten. Ich protestiere hiermit aufs schärfste!

i. S. Ernst Jüngers n. i. A. Jürgen Roth«

Jürgen Roth lebt als freier Autor in Frankfurt am Main.

PETER WAWERZINEK

Auf der Margaretheninsel

1974 war der letzte Sommer, bevor ich zur Armee mußte. Ich war gerade mit der 12. Klasse fertiggeworden und hatte das Gefühl, daß ich noch einmal alle meine Freunde besuchen mußte, denn ich war mir sicher, daß danach alles auseinanderfliegen würde, man würde heiraten, Häuser bauen und das wäre das Ende der Freundschaften – und ich hatte natürlich recht.

In diesem Sommer fuhr ich also nach Polen und Ungarn, von der WM bekam ich nichts mit. Ich war selbst Fußballspieler, bei Traktor Rerik, meinem Heimatverein an der Ostseeküste. Dort war ich Rechtsaußen, manchmal schneller als der Ball, und zuständig für Eckstöße – beim Rechtsaußen gehört die Eckfahne ja noch mit dazu. Fußball im Fernsehen interessierte mich nicht, eine Fußballmannschaft waren meine Kumpels und ich, so ein Spiel auf einer kleinen Mattscheibe zu verfolgen, fand ich abwegig. Erst später, als ich nicht mehr aktiv war, interessierte ich mich für andere Mannschaften, heute gehe ich manchmal zu Hansa Rostock, weil die der einzige Ostverein in der Bundesliga sind, und zu Hertha BSC. Es gibt nichts Schöneres, als sich diese Berliner Rasenkomiker anzusehen ...

In diesem Sommer 1974 fand ich nicht selbstgespielten Fußball jedoch noch langweilig. Als Sparwasser das Tor schoß, trampte ich vielleicht gerade durch Ungarn. Eigentlich war ich allein unterwegs, aber alleine blieb man nur mutwillig – in Budapest schlief man zum Beispiel auf der Margaretheninsel, dort trafen sich die Tramper, und man fand immer jemanden, der dasselbe Ziel hatte.

Nach diesem Sommer 1974 kam aber für mich die Armeezeit.

Da wurde ich dann an der grünen Grenze stationiert, am Ratze-
burger See. Das fand ich schon ulkig, denn meine Eltern waren,
als ich noch ein Baby war, ohne mich aus der DDR abgehauen,
und mich stellte man nun dahin, um auf die Grenze aufzupas-
sen. Ich habe mir dort auch kurz überlegt, ob ich nicht flüchten
sollte, 1.000 Mark, so hatten wir gehört, bekam man, wenn
man in voller Uniform und mit MP abhaute. Aber dann war
mir die Sache doch zu heiß. Damals fing ja die Friedensbewegung an, ich dachte ernsthaft, ich sei einer der letzten, die noch
eingezogen wurden, denn die Friedensbewegung würde sich
durchsetzen und dafür sorgen, daß auf der ganzen Welt die Ar-
meen abgeschafft würden.

Peter Wawerzinek ist Schreiber und lebt in Berlin.

GÜNTER WALLRAFF

Athen 1974

Wer war Sparwasser? Und wann hat er wo gegen wen ein Tor geschossen, das für mich heute noch der Erinnerung wert sein
soll? Das mußte ich erstmal recherchieren. Jetzt weiß ich Bescheid.

Ich muß gestehen, von Fußball habe ich keine Ahnung. Prin-
zipiell finde ich, die phantasievoller und fairer spielende
Mannschaft – in der Regel wohl auch die bessere – sollte gewinnen.

Warum ich mir nur ganz selten mal ein Weltmeisterschafts-
spiel im Fernsehen ansehe, hat seinen Grund: Ich ärgere mich
doch meistens und bin anschließend frustriert. Weil ich aus einem tiefen Grund heraus immer auf seiten der schwächeren
Mannschaft, der Außenseiter, stehe, und die verlieren ja fast immer. So wäre bei der jetzigen Fußballweltmeisterschaft mein
Favorit z.B. Kamerun oder Jamaika gewesen, aber die haben es
ja nicht weit gebracht. Deutschland hätte sich besser gar nicht
erst qualifiziert, dann wäre das Leben des französischen Polizi-
sten Daniel Nivel nicht für immer zerstört.

Andererseits – als ich in einem Fernsehbericht Umfragen bei
ganz normalen jugoslawischen Fußballanhängern erlebte, die
mit Agressionen und Haß aufgeladen dem bevorstehenden
Spiel »Großdeutschland gegen Restjugoslawien« wie der Fort-
setzung des Krieges mit anderen Mitteln entgegenfieberten,
hoffte ich, daß ihre Nation auf keinen Fall gewinnen soll.

Vom Spiel USA-Iran (beides Außenseiter) habe ich nur den
Schluß gesehen und war unschlüssig, auf wessen Seite ich stand.
Das Spiel verlief – anders, als viele befürchtet hatten – auf bei-

den Seiten äußerst fair, und die iranischen Spieler tauschten hinterher – obwohl es ihnen von Staats wegen verboten war – friedlich ihre Trikots aus. Vielleicht ist das ein Anzeichen, daß über Großereignisse des Sports doch so etwas wie Völkerverständigung im Ansatz entstehen kann.

Als Sparwasser sein legendäres Tor schoß, befand ich mich die sechste Woche im Korydallos-Gefängnis im faschistischen Griechenland. Ich hatte erreicht, was ich erreichen wollte: Zeugnis abzulegen über die Menschenrechtsverletzungen der Juntaobristen und eine gleichgültig gewordene bundesdeutsche Medienöffentlichkeit aufzurütteln, was mir allerdings nur teilweise gelang. Die Rolle eines politischen Gefangenen anzunehmen war übrigens denkbar einfach: Man brauchte sich nur an einen Lichtmast vor dem ehemaligen Parlamentsgebäude anzuketten und Flublätter zu verteilen, in denen die Freilassung der politischen Gefangenen gefordert, zu freien Wahlen aufgerufen und ein Touristenboykott in Aussicht gestellt wurde. Das genügte, um an Ort und Stelle zusammengeschlagen zu werden, bei anschließenden Verhören mit der Sicherheitspolizei gefoltert und von einem ordentlichen Militärgericht zu 14 Monaten Gefängnis verurteilt zu werden. Ich saß in Einzelhaft, Fernsehen war nicht erlaubt, auch keine Zeitungen, und Bücher wurden erst recht willkürlich zensiert. Ich erinnere mich, daß mir z.B. Solschenyzins »Archipel Gulag« nicht ausgehändigt wurde mit der Begründung, daß es sich um einen russischen und damit kommunistischen Autor handele.

In der Zeit der Fußballweltmeisterschaft gelang es mir, einen Brief an meine Frau herauszuschleusen. Ein Zitat daraus:

»...Auch wenn meine Aktion mißverstanden wurde, falsch interpretiert oder einfach mit blasierter Gleichgültigkeit übergangen, war und ist es ein Lernprozeß, der in seinen Konsequenzen für mich lange nachhalten wird. Ich glaube, bei allem, was man tut, muß man das Risiko eingehen, mißverstanden zu werden, ja, sich der Lächerlichkeit auszusetzen, denn hielte man sich an die geltenden Spielregeln der öffentlichen Medien, der sogenannten Berichterstattung usw., landet man unweigerlich – ehe man's selbst merkt – in den Bahnen steriler Gleichgültigkeit und zynischer Ignoranz und ist – statt Sand – Öl im Getriebe der herrschenden Apparate...«

P. S. Wäre ich in die Verlegenheit gekommen, mir das Spiel BRD- DDR anzusehen, wahrscheinlich hätte ich auf seiten der Fußball-Underdogs mitempfunden. Schon, um den wiederaufgekommenen nationalen Dünkel und Verdrängungshochmut, der in dem Strauß-Zitat gipfelte »Ein Volk, das diese wirtschaftlichen Leistungen vollbracht hat, hat es nicht mehr nötig, sich an Auschwitz erinnern lassen zu müssen«, einen Dämpfer verpassen zu lassen.

Günter Wallraff ist Schriftsteller und Journalist. Er lebt und arbeitet in Köln.

PIEKE BIERMANN

Sparwasser? Sparkasse!

Sparwasser? Sparkasse! Meine saß in Hannover, ich saß in Padova und hatte in meiner 24jährigen Naivität gedacht: Gleicher Name gleiche Familie gleich direkter Draht. Leider brauchten die Bafög-Trillionen viel Zeit und noch mehr (verbale) Elfmeter, bevor die Cassa di Risparmio di Padova sie an mich rausrückte. Die nächstbeste vatikanische Mafia-Bank wäre effektiver gewesen, wurde mir erklärt.

Zu jener Zeit hatte ich »die Linke« als mögliche Heimat für mich verworfen (zu eng, zu ängstlich für die, wie ich sicher war, wirklichen Entdeckungen und Abenteuer: Inner- und Zwischenmenschliches) und notierte in mein Tagebuch, daß eventuell die Frauenbewegung derzeit die einzige sei, deren Radikalität Zärtlichkeit einschloß. Ich faßte drei radikale Entschlüsse: 1. sofort in Italien den Führerschein zu machen (er kostete fast nichts, denn man brauchte keine Fahrschule; kosten tat später groteskerweise die Umschreibung zur deutschen Pappe: 120 Mark »Übersetzung« der max. 30 Wörter; seitdem habe ich einen »Säuferbalken« auf dem grauen Lappen und fahre unfall- sowie auch schadenfrei); 2. tatsächlich eine Magisterarbeit zu verfassen und die dito Prüfung abzulegen (also nach Ablauf des italienischen Studienjahrs temporär nach Hannover zurückzukehren); 3. vier verschiedene Liebhaber zur selben Zeit bringen keinen qualitativen Sprung in die schönste Sache der Welt (aber anfallsweise Aphasie respektive unverständliches Nuscheln, aus Angst, bei sex-induziertem Bewußtseinsverlust den jeweils falschen Namen zu nennen).

Aus all diesen Gründen hatte ich mit der schönsten Nebensache der Welt seinerzeit nüscht am Hut. Jedenfalls nüscht deutschet. Die Bundesliga stand für mich im Abseits. Bei internationalen Matches war ich garantiert für die anderen (und Italien hatte damals eine verdammt gute Nationalmannschaft!). Ich kannte damals schon die Regel: Fußball ist, wenn 22 Männer hinter einem Ball herhoppeln und die Deutschen gewinnen. Und mich hat immer schon an Regeln die Ausnahme interessiert. Was sollte mir da Sparwasser?

Pieke Biermann ist Schriftstellerin und Übersetzerin.

DIETER BIRR

Große Hymnen

Damals, ich war 30 Jahre alt, habe ich mich nicht für Fußball interessiert. Der Sport allgemein war mir schon in der Schule vermiest worden, ich war immer der Schlechteste, im Fußball wurde ich z.B. immer als Letzter gewählt – nur im Schwimmen war ich gut. Das Spiel der DDR gegen die BRD habe ich damals natürlich irgendwie mitbekommen, aber das war's auch schon.

Wenn heute die Eisbären spielen, fiebere ich mehr mit. Dadurch, daß wir die Musik für den EHC geschrieben haben, ebenso wie für Hansa Rostock. Der damalige Hansa-Präsident Peter-Michael Diestel hatte angerufen und gefragt, ob wir dazu Lust hätten, und ich habe sofort zugesagt. Das war eine neue Aufgabe und deshalb sehr spannend, zumal ich wohl die Gabe habe, große Hymnen zu schreiben. Ich habe mich dann erstmal reinversetzt, mir die Atmosphäre im Stadion angeguckt und dann versucht, etwas zu schreiben. Bei den Eisbären habe ich den Song dann sogar live mit den Fans eingesungen; die wurden zu einem öffentlichen Training in die Eishalle bestellt.

Vorher weiß man nie, ob der Song auch wirklich funktioniert und angenommen wird, ob das Tempo richtig oder die Tonlage z.B. zu hoch ist. Beim EHC-Song haben die Fans jedoch sofort mitgesungen.

1974 hatten sich die Puhdys schon musikalisch verändert. Als wir 1969 anfingen, hatten wir nur nachgespielt, Deep Purple, Led Zeppelin, Uriah Heep. 1972 machten wir die Musik für den Film »Die Legende von Paul und Paula«, 1975 waren wir zum ersten Mal in Westen, zuerst in Belgien, dann in Westdeutschland, in der Hamburger Fabrik. Dort trafen wir Udo

Lindenberg. Es war aufregend damals, sehr aufregend, weil wir nicht wußten, wie die Leute dort reagieren würden, aber sie kannten uns schon, denn damals wurde in Hamburg schon Ost-Radio gehört. Es war alles sehr offen, obwohl wir ein bißchen als Exoten galten.

Mit den Offiziellen in der DDR hatten wir keine Probleme, man brauchte zwar den Paß und wurde vorher erstmal belehrt, aber wir haben das nicht so verkniffen gesehen, zumal keine Aufpasser mit in den Westen fuhren, nur bei den ersten Malen war jemand von der Künstleragentur dabei. So haben wir auch in Interviews gesagt, was wir wollten, merkten dann aber schnell, daß man mit der Presse schon vorsichtig sein mußte. Einmal fragte uns ein Journalist: »Wo bekommen Sie Ihre Instrumente her?« und wir antworteten wahrheitsgemäß, daß wir die kaufen, auch auf unseren Auslandsreisen und teilweise die Boxen selber gebaut haben. Am nächsten Tag erschien die Schlagzeile: »Puhdys spielen auf selbstgebastelten Instrumenten!«

Dieter »Maschine« Birr ist Sänger der Puhdys.

KLAUS WALTER

Ein Fall von oraler Überlieferung

Es war in dieser Niemandszeit zwischen Schule und Zivildienst, Ersatzdienst hieß der damals noch. Ein schrecklicher Job. Unterwegs mit der Deutschen Bundesbahn als Minibarverkäufer, brütende Hitze, verbrühte Finger vom Kaffeewasser und der Tiefpunkt auf einem süddeutschen Bahnhof (Mannheim? Kaiserslautern?). Die ganze Minibar kommt ins Rollen und knallt auf die Schienen.

Die WM 74 habe ich zwar verfolgt, dieses Spiel aber verpaßt. In den Zügen gab's noch keine Fernseher, und ich erinnere mich nicht daran, daß etwa sämliche Passagiere gebannt an ihren Radios gehangen hätten.

Das Sparwasser-Tor habe ich seitdem natürlich tausendmal gesehen, festgeschossen ins Gedächtnis. Genauso kann ich bis heute die Aufstellung der deutschen Weltmeistermannschaft von 1954 aufsagen, obwohl ich damals noch nicht auf der Welt war. Einer der wenigen Fälle von oraler Überlieferung in unserer Familie. Mein Vater hat mir diese elf Namen eingehämmert wie andere Schillers Glocke. Mit der 74er Mannschaft habe ich schon Probleme, ganz zu schweigen von der 90er. Neulich habe ich mit Freunden in der Kneipe versucht, die 74er Mannschaft zu rekonstruieren, und es gab Krach um die Frage: Netzer oder Overath. Wir haben dann gewettet und versucht, bei der Auskunft die Nummer von Wolfgang Overath zu erfahren. Das hat nicht funktioniert, die Wette habe ich gewonnen, Overath spielte 74, Netzer 72.

Sparwasser kam ja dann später auch in den Frankfurter Raum und griff als Trainer meistens zielsicher in die Scheiße.

Wo er hinkam, fielen Mannschaften auseinander, trugen Leistungsträger keine Leistungen mehr, und sein Glamour beschränkte sich auf diesen einzigen Moment, zumal wenn er zu reden anfing. Damals sprach im Westen allenfalls Dietrich Weise so komisch, und der hatte in Frankfurt eine sympathische junge Mannschaft zusammengestellt, da konnte man das verzeihen.

Meine Fußball-Laufbahn endete mit einem kaputten Knie. Auch mit einem besseren Knie wäre nicht mehr rausgekommen als Bezirksliga, SC Weiß-Blau Frankfurt, ein Aufstieg, ein Abstieg. Heute schreibe ich Presseberichte für die Niederräder Anzeigenblättchen. In dieser Saison sind wir ganz gut, zur Zeit Tabellendritter mit Aufstiegschancen (am Ende konnte der Abstieg gerade noch vermieden werden).

Fan? Fan von Blau-Weiß. Aber sonst? Nicht wirklich. In den letzten Jahren mochte ich Borussia Dortmund sehr, aber nun? Und natürlich die Eintracht-Mannschaft der Vor-Heynckes-Ära, Yeboah, klar, die mochte jeder. Nie werde ich vergessen, wie Yeboah gegen Buchwald gespielt hat, die Eintracht demütigte den VfB, 4:0 oder 4:1 vielleicht, Yeboah demütigte Buchwald, was heißt demütigen, zerstört hat er ihn, in der Luft, am Boden, wie er wollte.

Klaus Walter ist Radio-DJ beim hessischen Rundfunk. »Der Ball ist rund« ist keine Sportsendung.

JÜRGEN ROLLMANN

Wie im Fernsehen

Ich war acht Jahre alt und habe die WM vor dem Fernseher verfolgt. Ein Nachbar hatte während dieser Zeit extra im Garten ein Zelt aufgebaut, dort trafen sich dann die Anwohner.

Nach der WM bin ich gleich in einen Verein eingetreten, in den FC Lorbach, zuvor hatte ich zwar auch schon Fußball gespielt, aber dann wollte ich in einen Klub. Der Traum, Profi zu werden, war damals schon da, ein Wunsch, den wahrscheinlich viele kleine Jungs haben. Einen Beruf oder Arbeit hat man damit natürlich nicht verbunden.

Der Traum hat sich dann für mich leider nicht erfüllt. Ich spielte zwar mit Bodo Illgner in der Jugend-Nationalmannschaft, aber Perspektiven für eine Entwicklung boten sich mir nicht, mein Verein, die Offenbacher Kickers, stiegen von der zweiten in die Amateur-Liga ab. Dann spielte ich mit 1860 in der dritten Liga, und auch mit dem FSV Frankfurt − da habe ich schon sehr viele Illusionen verloren. Drei Jahre lang war ich nur die Nummer zwei, da verlor ich dann auch noch den Rest.

Als Torwart kann immer nur einer spielen, und auf der Bank kann man sich nicht empfehlen. Bei Werder Bremen, mit dem ich 1992 den Europapokal gewann, und beim MSV war das Thema dann schon erledigt, da hatte ich schon erkannt, was für ein harter Job das ist.

Meine schönste Zeit im Fußball hatte ich in der U-15, für die ich zehn Spiele bestritt. Dort war alles so wie im Fernsehen, inklusive der Nationalhymne.

Der Fußballsport hat sich natürlich sehr verändert, seit ich als junger Profi anfing. Es ist alles viel öffentlicher geworden, die Kicker sind Bestandteil des Showbusineß, es ist viel Geld unterwegs. Und es drängen sich Leute nach Verantwortung, obwohl sie nicht dazu prädestiniert sind, Wirtschaftsunternehmen, die die Vereine mittlerweile sind, zu führen.

Jürgen Sparwasser habe ich übrigens zur Vereinigung der Vertragsspieler, VDV, geholt. Ich hatte 1994 dort den Vorsitz übernommen, dem VDV ging es wirtschaftlich schlecht, und Umstrukturierungen standen an. Da hatte ich die Idee, Sparwasser, der in der vierten Liga irgendwo als Trainer tätig war, ein Angebot zu machen. Er willigte ein, seit Oktober ist er mein Nachfolger im Amt.

Trotz meiner Erfahrungen mit dem Profi-Fußball würde ich meinem Sohn jederzeit erlauben, diesen Weg einzuschlagen. Denn was ich in meiner Jugend durch den Sport erlebt habe, Kontakte zu knüpfen, in der Gruppe zurechtzukommen, in fremde Länder zu reisen, das sind wichtige Erfahrungen, die ich nicht missen möchte.

Jürgen Rollmann, ehemaliger Profi in der Bundesliga und Ex-Präsident des VDV, arbeitet heute als Journalist.

ERICH KUBY

Pünktlich bei Tito

Der Brief des Verlags mit der Frage »Wo waren Sie, als das Sparwasser-Tor fiel?« hatte mich Anfang Juni erreicht. Er enthielt
keine Angabe über das genaue Datum jener in Hamburg ausge-
tragenen Fußball-Weltmeisterschaft (WM). Auf Rückfrage erfuhr ich, es sei der 22. Juni 1974 gewesen.

Aus meinen in Stichworten geführten Tagebüchern suchte
ich mir das Jahr 1974 heraus und stellte fest, damals hatte ich
mich ferienhalber in unserem Haus auf der jugoslawischen, inzwischen kroatischen Insel Losinj aufgehalten.

Am 21. war ein Polizist den Ziegenpfad zu mir herunterge-
kommen, um auszurichten, ich solle mich anderntags zu einem
Interview mit Tito einfinden, auf einem seiner Landsitze in der
Nähe von Beograd.

Die Fähre zum Festland hatte ihren Betrieb bereits eingestellt, aber das Zauberwort Tito veranlaßte den Kapitän, die Mo-
toren für diesen deutschen Journalisten noch einmal anzuwer-
fen.

Es fand sich auch ein Taxifahrer, der die rund 600 km bis Beograd in der Nacht bei Nebel und Regen erstaunlicherweise in
rund sechs Stunden hinter sich brachte.

Kurz, ich war tatsächlich pünktlich bei Tito. Er hatte sein
Whiskyglas vor sich und benutzte leider nicht den Dolmetscher, sondern sein bescheidenes Deutsch, das er sich als Fa-
brikarbeiter in Wien angeeignet hatte. Unter anderem fragte ich
ihn, wann er bemerkt habe, daß er Tito sei, und er sagte: »Ach,
das hat sich so gemacht.« Ich konnte dem Problem nicht auf
den Grund gehen, weil ich es für unstatthaft hielt, ihn zu bitten,

doch den Dolmetscher zu verwenden. Über die WM im fernen Hamburg fiel kein Wort, jedoch redeten wir lange über Willy Brandt.

Am späten Abend dieses 22. Juni war ich wieder im Inselhaus, in dem außer einem Flügel auch ein Cembalo stand. Nichts ist wahrscheinlicher, als daß ich darauf das aus lauter Sechzehnteln bestehende c-Moll-Präludium übte (Bach, Wohltemperiertes Klavier, Band I), während Jürgen Sparwasser das bewußte Tor schoß.

Gewiß ist nicht einmal mir entgangen, daß die um die WM kämpfenden Ballstößer heute allesamt Millionäre sind – was Sparwasser nicht gewesen ist – und daß das Endspiel am 12. Juli 1998 von einer Milliarde tv-Konsumenten verfolgt wurde. Ich gehöre nicht dazu. Ich bin kein Feind des Fußballspiels, aber es interessiert mich nicht.

Bei unserem 15jährigen Sohn ist das anders. Er befand sich während der WM bei Freunden in Deutschland und saß sicher bei wichtigen Spielen vor dem Fernsehgerät. In Venedig aufwachsend, hat er eine mailändische Lieblingsmanschaft, von der, wie ich annehme, das Endspiel nicht mitbestimmt wurde.

Churchill, befragt, wie er so munter so alt geworden sei, hatte gesagt: »No Sports.«

Das ist auch mein Rezept; ich bin 1910 geboren.

Erich Kuby ist Publizist und Autor. Er lebt in Venedig.

KLAUS THEUERKAUF

Taktische Niederlage

Wir haben das Spiel bei einem Klassenkameraden gesehen, der einen eigenen Fernseher hatte. Es gab viel Bier und viele »Schiebung«-Rufe, denn wir waren schon sehr sauer. Die DDR-Kicker waren für uns ziemliche Unsympathen, sie traten ziemlich rein, und wenn sie dafür eine gelbe Karte oder so bekamen, dann machten sie fast einen Diener, so unterwürfig waren sie gegenüber dem Schiedsrichter. Kurz nach dem Spiel war uns dann aber schon klar, daß dieses Spiel wohl taktisch verloren wurde, denn den BRD-Kickern blieb dadurch die schwerere Gruppe, mit Holland und Brasilien, erspart, in die dann die DDR mußte. Die bundesrepublikanische Elf spielte statt dessen mit Schweden und Jugoslawien, den viel leichteren Gegnern, und ist deswegen überhaupt weitergekommen – an Brasilien und den Niederlanden wäre sie wohl gescheitert.

Interessant in dem Zusammenhang ist, daß ich vor ewig langer Zeit irgendwo gelesen habe, daß dieses Spiel regelrecht verkauft worden sein soll, daß mit Mielke oder wem auch immer über den Ausgang verhandelt worden sei. Was genial wäre, wenn der damalige Fußball-Skandal auch international gewesen wäre.

Und heute ist es ja wohl auch so, daß derjenige, der das meiste Geld und den größten Sponsor hat, auch die besten Chancen besitzt, Weltmeister zu werden. Nike hatte zum Beispiel von Ronaldo verlangt, daß er die letzten Wochen vor der WM nicht mehr für Inter spielt, sondern der brasilianischen Elf für die Vorbereitungen zur Verfügung steht.

Trotzdem bin ich immer noch Fußballfan, ich bin gegen Bayern und gegen Hertha, aber auf mir liegt ein Fluch: Immer, wenn ich zu Hertha gehe, dann gewinnen die! Aber für diese Saison hoffe ich, daß die endlich die Kurve abwärts kriegen.

Klaus Theuerkauf ist Mitglied der Berliner Künstlervereinigung endart.

Thomas Rothschild

Heißt der nicht Jens Sparschuh?

Wer um alles in der Welt ist Jürgen Sparwasser? Heißt der nicht Jens Sparschuh, und hat der nicht mit einem Zimmerspringbrunnen zu tun? Ich erinnere mich an kein Tor, weil ich die kokette Begeisterung von Intellektuellen für Fußball nie geteilt habe. So billig, denke ich, ist die Verbrüderung mit dem Proletariat nicht zu haben.

Daß sich Menschen mit siegenden Sportlern identifizieren, bloß weil sie derselben Nation angehören, ist mir ohnedies suspekt. Für mich als Österreicher, der seit 1968 in Deutschland lebt, wäre ein deutsch-deutsches Fußballspiel also weder unter patriotischen Gesichtspunkten noch politisch von besonderer Bedeutung gewesen. Und es gab nichts, das mich, hätte ich mich überhaupt für Fußball interessiert, 1974 hätte bewegen können, den Fußballern des einen deutschen Staats mehr Sympathie entgegenzubringen als jenen des anderen deutschen Staats.

Die DDR hielt ich, nachweisbar, für einen antisozialistischen Staat, der, anders als die Bundesrepublik, immerhin die militärische Beseitigung eines sozialistischen Regimes in der Tschechoslowakei von 1968 mitgetragen hatte. Es war damals schon seit zehn Jahren meine Überzeugung, daß die DDR maßgeblich daran beteiligt sei, die Idee des Sozialismus zu desavouieren. Aus diesem Grund habe ich, anders als jene, die die Sowjetunion und deren Satelliten für sozialistisch hielten, keinen Grund, die Ereignisse von 1989/90 als ein Argument gegen den Sozialismus zu werten. Das Verschwinden der DDR beweist gegen den Sozialismus ebenso wenig wie das Verschwinden der Inquisition gegen das Christentum.

Die Bundesrepublik wiederum war jener Staat, in dem 1974 zahlreiche mir persönlich bekannte Studenten nicht in den öffentlichen Dienst gehen konnten, weil der Radikalenerlaß unter maßgeblicher Beteiligung der Sozialdemokratie seit zwei Jahren wirksam war. Immerhin — und das muß fairerweise festgehalten werden — genoß ich in dieser Bundesrepublik Möglichkeiten, die man mir in meiner Heimat Österreich vorenthalten hatte, immerhin durfte ich mich, als Ausländer, politisch äußern in einer Weise, wie es nur wenige Länder ihren Gästen gestatten. Doch auch das hätte mich nicht dazu verleitet, einer deutschen Fußballmanschaft gegen eine andere deutsche Fußballmannschaft (oder überhaupt gegen irgendeine Fußballmannschaft) die Daumen zu drücken.

Also: Am 22. Juni 1974 befand ich mich, aus Arnoldshain kommend, wo ich ein Seminar über Medienanalyse (mit Rainer Gansera) besucht hatte, und nach einem Fest bei Irmela und Axel Rütters mit engagierten Leuten aus dem Kinderladen, in Frankfurt am Main, um Helga um 14 Uhr 39 vom Bahnhof abzuholen, mit ihr abends eine Aufführung von Qualtingers »Der Herr Karl« (mit Nikolaus Haenel, wenn ich nicht irre) zu sehen und nach einem Abendessen im Restaurant Bali nach Forchheim zu fahren, wo Helga damals wohnte.

Jürgen Sparwasser kommt in meiner Erinnerung an diesen Tag nicht vor. Aber wo Helga abgeblieben ist, wüßte ich schon gerne.

Thomas Rothschild ist Österreicher, lebt seit 1968 in Stuttgart und lehrt dort Literaturwissenschaft.

ANDRÉ BRIE

Gleicher unter Gleichen

Jedenfalls war ich nicht außer mir. Aber eine — wenngleich zwiespältige — Genugtuung war's doch. Daß sportliche Siege über die BRD ein kümmerlicher Ersatz waren für die verlorene Fähigkeit, wirkliche Alternativen hervorzubringen, ahnte ich. Doch die nicht selten penetrante DDR-Arroganz war mir damals und ist mir heute immer noch lieber, als die (bundes-)deutsche Großmannssucht, die sich auch und gerade dann durchsetzt, wenn sie sorgfältig geleugnet werden soll. Im Fußball allemal. Von der (wieder) »normalen« Macht und Großmacht Deutschland wird erst seit 1990 offen geredet, aber mental war diese deutsche »Normalisierung«, das Abhaken des Nationalsozialismus, der Vernichtung der europäischen Jüdinnen und Juden, des Zweiten Weltkriegs, für die meisten, vermute ich, mit dem WM-Sieg 1954 vollzogen. Deutschland war wieder wer — über allen. Fußball ist wohl die deutscheste Sportart überhaupt, bei Siegen und Niederlagen gleichermaßen. Möglicherweise hatte die DDR deshalb im Fußball kaum große Erfolge. So deutsch war sie dann doch nicht.

Vielleicht war ich aber auch in Gedanken. Die Freude über das Sparwasser-Tor reichte nicht weit. Mir war dieses Land, die DDR, dieser Versuch eines anderen Deutschlands viel zu wichtig, als daß ich mit einem Fußballsieg zufrieden sein wollte. Drei Jahre zuvor hatte einer gesagt, er wolle Gleicher unter Gleichen sein. Der ließ sich zunächst auch nicht, wie gehabt, mit »hochverehrter Genosse Erster Sekretär des Zentralkomitees der SED und Vorsitzender des Staatsrates«, sondern mit »lieber Erich« anreden. So banal waren Erscheinungen, die unsereinen auf eine Veränderung hoffen ließen. Mit einem Mal gab es auf der dritten Seite des Zentralorgans kritische Beiträge zur Innen- und Wirtschaftspolitik, jedenfalls wollten wir sie als Kritik empfinden. In der Kunst, so der neue Mann, sollte es fürderhin keine Tabus geben, soweit sie auf dem Boden des Sozialismus bleibe. Daß wir, ich war damals Student, über diesen Satz tagelang an- und aufgeregt diskutierten, kann ich keinem Westdeutschen, schon gar nicht westdeutschen Linken, erklären.

Aber 1974 war die Hoffnung wieder gering, auch wenn die Biermann-Ausweisung und die ND-Ausgaben mit 30 und 40 Honecker-Fotos auf der Leipziger Messe noch vor uns lagen. Es zeigt sich, daß die öffentliche Kritik nur so lange erwünscht war, wie sie das Konto des Vorgängers (Ulbricht) belastete und der eigenen Legitimierung diente. Als sie begann, auf Kosten des neuen »Chefs« zu gehen, wurde sie um so sicherer wieder unterdrückt. Die Verspießerung der DDR war sicherlich eine der wichtigsten Ursachen ihrer Entwicklungsunfähigkeit.

Wenn ich mich recht erinnere, waren bei der WM 1974 Aus- und Einwechslungen erlaubt. Auch wir warteten drei Jahre nach der Auswechslung schon wieder auf die nächste. Wir waren unzweifelhaft Teil der Verspießerung.

André Brie ist Mitglied des Parteivorstandes der PDS.

JÜRGEN SCHNEIDER

Klammheimliche Freude

Aus irgendeinem Grund kann ich mich an dieses Spiel nicht erinnern – dabei steht doch in meinen Stasiakten, mein Verhältnis zur DDR-Kultur sei kritisch-positiv. Das war eine Floskel,
die man zur Legitimierung von DDR-Aufenthalten benutzte,
ich war oft da, um Verwandte und Freunde zu besuchen. Zu
Freunden in Leipzig war ich durch eine befreundete Italienerin
gekommen, die einen Sprachaufenthalt in der DDR machte,
mit der trafen wir uns oft auf dem Alexanderplatz.

Über die Büchner-Buchhandlung in Darmstadt – wo Büchner herkam und wo er seine Schießübungen im Wald veranstal-
tete –, deren Miteigentümer ich war, haben wir später auch einen dieser DDR-Bürger zu einem Vortrag über Georg Büchner
einladen können. Er arbeitete an der Akademie der Wissen-
schaften, Büchner war sein Spezialgebiet, wir haben auch heute
noch Kontakt. Daraus entstand ein sogenannter wissenschaftli-
cher Austausch, mit dem allerdings verbunden war, daß über
die Besuche berichtet werden mußte. Daß diese Berichte an die
Staatssicherheit gingen, wurde nie gesagt, aber es war klar.

Für Fußball habe ich mich immer interessiert, ich erinnere
mich noch an die Niederlage gegen England 1966, die mich
sehr traurig machte – damals war ich wohl noch zu jung, um
zu verstehen, daß ein Sieg der deutschen Nationalmannschaft
nicht unbedingt ein Grund zur Freude ist. Und immerhin habe
ich zwölf Jahre lang selber gespielt, in einem mickrigen Verein
namens FC 34 Bierstadt – bezeichnenderweise also ein Jahr
später gegründet. Damals wäre ich gerne Fußball-Profi geworden, aber als ich 19 war, wurde bei mir ein Sportlerherz festge-

stellt, und ich erhielt daraufhin Sportverbot. Erst später, als ich in Irland wohnte, kickte ich wieder regelmäßig, in einer Altherren-Kneipen-Mannschaft, dort war ich dann alles außer Torwart, meistens jedoch linker Verteidiger.

So bleibt mein größter sportlicher Triumph ein Spiel gegen den Nachbarverein, den FC Biebrich. Die waren traditionell stark, Jürgen Grabowski kam daher, der bei diesem Match gegen unseren Angstgegner sogar auf der Zuschauertribüne saß. Und ich allein habe sie dann, vor seinen Augen, mit zwei Toren erledigt – da bin ich heute noch stolz drauf, ich war sozusagen der Zidane des Lokalderbys.

Das Tor von Sparwasser kam für mich übrigens nicht so überraschend, denn ich kannte ihn schon, vom Fernsehen her, und hatte auch schon einige Berichte über ihn gelesen. Ein großer Teil der deutschen Linken sah seinen Treffer wohl als Beleg für die Überlegenheit des Sozialismus, mit klammheimlicher Freude, wie andere Ereignisse auch.

Jürgen Schneider ist Galerist und Übersetzer.

TANJA KOPECKY

Blöde Frisuren und blöde Trikots

Ich war bei Onkel Friedhelm und Tante Rita in Achim, da bin ich hinverfrachtet worden, weil meine Eltern weggefahren sind. Ich glaube, der Sommer 1974 war nicht so der Hit, und ich habe sowieso gerne Fernsehen geguckt, deswegen hab' ich das Spiel dann auch gesehen. Zusammen mit meiner Cousine Jacqueline, die war damals 14 und ich zehn. Und mit meinem Onkel, der hat sich richtig aufgeregt, während ich das alles eher lustig fand. Die Spieler, weil sie so blöde Frisuren hatten und blöde Trikots trugen, und meinen Onkel, der vor lauter Aufregung immer mehr Korn mit Sprite getrunken hat. Und es war lustig, weil alle Leute anschließend darüber gesprochen haben und sich sehr ärgerten – schließlich steht und fällt damit ja auch das Familienleben, wenn Deutschland gewonnen hat, ist die Stimmung gut. Mein Onkel hat damals fast jedes WM-Spiel gesehen. Jacqueline interessierte sich hingegen eigentlich überhaupt nicht für Fußball, die war eine Ballettratte, die immer mit rosa Spitzenschuhen durch die Wohnung lief und von morgens bis abends »Nußknacker« gehört hat, nur das Spiel gegen die DDR hat sie verfolgt. Tante Rita ist Schneiderin und hat während des Spiels an der Nähmaschine gesessen und genäht, Kleider für unsere Barbiepuppen. Meine Cousine hat nämlich immer Königshäuser nachgespielt, und meine Tante hat für die Barbies Roben genäht, die zur jeweiligen Zeit paßten. Wenn Jacqueline die Sachen dann nicht mehr gefallen haben, dann bekam ich sie.

Bis zu dieser WM war ich ein ganz normales kleines Mädchen, das mit Puppen gespielt hat und ziemlich brav war, aber kurz danach ging alles in die falsche Richtung.

Heute bin ich Fan von Oasis und Blur, was ja eigentlich gar nicht geht, und von Werder Bremen. Das heißt, wenn mich Liam von Oasis nicht will, dann heirate ich den Flo von Werder. Denn nicht alle Fußballspieler sind so blöd, wie ihnen immer nachgesagt wird. Das weiß ich, weil ich letztens auf einer Party den Yves Eigenrauch von Schalke 04 kennengelernt habe, mit ihm kann man sich richtig gut unterhalten, er ist sehr intelligent und gebildet – mit Kickern wie Gerd Müller hat der nichts gemeinsam.

Tanja Kopecky ist Sängerin der Popband Ladybird.

HEINZ-FLORIAN OERTEL

Schnee von gestern

Ich kommentierte für das DDR-Fernsehen im Hamburger Volksparkstadion das erste und letzte Spiel, das es zwischen der BRD und der DDR gab. 60.000 Zuschauer waren direkt dabei und vor den deutschen Bildschirmen sicherlich 20 bis 30 Millionen. Für lange Zeit galt diese Zahl als deutsch-deutscher Zuschauerrekord. Mit einem Teil davon schrie ich in der 78. Spielminute »Toor!« – Sparwasser erzielte das sogenannte fußballhistorische.

Und damit begannen die Legenden, die – wie fast immer – aus Übertreibungen und gezielten Absichten wachsen. Ich teilte schon damals die Meinung von DDR-Trainer Georg Buschner, der nüchtern feststellte: »Wir haben ein wichtiges Spiel gewonnen, mehr nicht.« Richtig. Und überrascht kommentierten BRD-Beobachter, daß auch die »DDR-Mannschaft den Sieg mit erstaunlicher Kühle hinnahm«.

Das war das Beste, weil Vernünftigste. Kein Hurra-Hurra-Hurra, kein Brimbamborium, keine Siegesverquickungen mit Politik. Daraus geborene Verblüffungen existieren unter einer bestimmten Medienklientel bis heute. Zigmal wurde die Aufzeichnung des Spielkommentars aus dem Fernsehzentralarchiv geordert. Mit hyänengieriger Witterung streunen sogenannte Aufklärer aus, denn »das kann doch wohl nicht alles gewesen sein, was der damals sagte...«

War es aber. Deshalb: Was 24 Jahre (!) später als nüchterner Fakt bleibt, ist, daß Leute immer noch und immer wieder den Schnee von gestern nachfrieren wollen. Das sind Gestrige, auch wenn mancher von ihnen damals noch nicht mal husten konnte. Und sie machten und machen einen Fehler, der immer peinlich wirkt: Jemanden für doofer zu halten, als er ist, und sich selbst für ungemein klug.

Der ehemalige DDR-Journalist Heinz-Florian Oertel arbeitet jetzt für den ORB.

CLAUDIA PINL

»Hysterisch, lesbisch, frigide«

Ein sonniger Sommernachmittag. Ich hänge in meinem liege-stuhlähnlichen Ruhesessel und verdaue ein spätes Mittagessen. Wegen der Wärme sind alle Fenster sperrangelweit offen. Das kollektive Stöhnen, Seufzen, Jubeln schallt über den Hof. Fuß-ball-WM. Soll mir recht sein. Das Gekicke ist mir ziemlich schnurz. Macho-Gehabe, sagt die angehende Feministin in mir (Junglesben, die bei Meisterschaften vorm Fernseher kleben und Frauenfußball waren noch weitgehend unbekannt). Auch ist mir das sich am Fußball langsam aber sicher wieder aufrich-tende (west)deutsche Nationalgefühl eher peinlich. Und ein bißchen unheimlich. Heute ist »Deutschland«, die Bundesrepu-blik, »Wir« gegen die DDR. Soviel weiß ich immerhin, denn po-litisch ist das ja irgendwie pikant, der kapitalistische DM-Riese gegen den kleinen, grauen sozialistischen Zwerg, der immer so gerne mit »uns« konkurrieren möchte. In meinem Sessel ge-nieße ich das Gefühl, da zu sein und doch nicht dabei zu sein. Sollen sich doch die Prolos und Spießer in Dresden oder in Köln an dem Gerenne gutbetuchter junger Männer delektieren. Plötzlich eine Art kollektives Aufstöhnen, dann Stille, lastende, greifbare Stille ringsum. Irgendwas Bedeutsames muß passiert sein. Ich mache das Radio an: Unwahrscheinliches ist eingetre-ten. Die kleine, graue DDR hat die große starke BRD besiegt. Das gefällt mir: Der bundesdeutsche Spießer und sein an Fuß-ball und DM orientiertes »Wir sind wieder wer«-Gefühl haben einen netten kleinen Dämpfer verpaßt bekommen. Für einen Augenblick scheint die Normalität in Frage gestellt zu sein. Das kann einer unangepaßten Feministin nur recht sein.

Soweit meine Erinnerung. Was die Gefühle anbelangt, trügt sie nicht. Aber die Fakten?

Am 22. Juni 1974, als Jürgen Sparwasser für einen Moment das kapitalistische System ein- und überholte, kann ich gar nicht zu Hause in meinem Sessel gelegen haben. Laut Auskunft eines alten Kalenders und nach einem Blick in alte Aktenordner war ich an jenem Samstagnachmittag nicht in Köln, sondern viele Kilometer weiter östlich, fast schon im »Zonenrandgebiet«, nämlich im niedersächsischen Loccum, wo die dortige Evangelische Akademie ein interessantes Experiment startete: Vertreterinnen der »neuen«, jungen, bunten, schrägen, feministischen zweiten Frauenbewegung, also meine Freundinnen und ich, wurden auf die Überreste der »alten« Frauenbewegung losgelassen, auf Vertreterinnen des »Akademikerinnenbundes« und des »Deutschen Staatsbürgerinnen-Verbandes«. Alice Schwarzer brachte es mit einer Mischung aus Charme und Schock zustande, daß ihr alle heftig applaudierten, nicht nur unser Grüppchen der aus Köln angereisten »Aktion 218«, auch die gediegenen bürgerlichen Damen der traditionellen, an sklerotischer Auszehrung leidenden Verbände waren hingerissen. Feministinnen, alles ein Haufen hysterischer, frigider und lesbischer Weiber? »Ja«, sagte Alice, »das sind wir: alle hysterisch, lesbisch und frigide. Und dazu haben wir auch allen Grund.« Frenetischer Applaus aller anwesenden Frauen von 18 bis 80. Wir hatten ein neues Gefühl entdeckt: »Wir Frauen«. Jenseits von DM-Nationalismus, Block-Denken oder Fußballhysterie.

Und was war an jenem Nachmittag, an dem ich faul im Sessel lag, Datum nicht mehr rekonstruierbar? Irgendwer muß den hochbezahlten Kickern in den preußischen Farben schwarz-weiß eins auf die Mütze gegeben haben.

Claudia Pinl lebt und arbeitet als Journalistin und Autorin in Köln.

DETLEV CLAUSSEN

Alles verkorkst

Ich war im Stadion in Hamburg, seltsamerweise gemeinsam mit meinem Vater. Dieser gemeinsame Länderspiel-Besuch war von langer Hand vorbereitet, ich hatte die Karten besorgt – es waren damals schwierige Zeiten zwischen Vätern und Söhnen.

Ich war links, aber ein scharfer DDR-Kritiker, deswegen hielt ich also auch nicht zur Mannschaft der DDR. Es waren aber sogar ungefähr 100 Schlachtbummler aus der DDR da, mit Hammer-und-Zirkel-Fahne, das war so lächerlich, ich glaube, die hatten sogar blaue Hemden an...

Dieser Tag sollte der schlimmste in der Karriere des Günter Netzer werden. Er war fußballerisch für viele Linke ja eine Identifikationsfigur. Ich meine nicht den aufgesetzten Netzer-Mythos, es lag eher an seiner Art zu spielen, wie er Ecken hereinschlug oder paßte.

Später ist dann viel in dieses Spiel hineingeheimnist worden, man glaubte, daß dies Helmut Schöns Rache an Netzer gewesen sei, er habe allen zeigen wollen, daß Netzer nicht mehr in der Lage sei, bei einer WM zu spielen. Das glaube ich nicht, Netzer war schlicht nicht in Form und wurde obendrein zu einem Zeitpunkt eingewechselt, als sowieso schon alles verkorkst war – es war ein Musterbeispiel schlechter Einwechslung. Das Sparwasser-Tor, das schon gefallen war, als er ins Spiel kam, hat die Stimmung in der Bundesrepublik dann wieder auf den Boden der Realität zurückgebracht, Weltmeisterschaften im eigenen Land sind ja meist etwas problematisch. Im Stadion selbst – nun, ich habe niemals davor und niemals mehr danach eine solche Stimmung erlebt, die Leute fanden das Ergebnis gerecht, die bundesrepublikanische Mannschaft ist ja noch heute der Inbegriff des Glückspilzes, da aber haben sie die Quittung für ihr schlechtes Spiel bekommen. Mit »Systemvergleich« hatte das nichts zu tun, das Wort konnte man in diesem Zusammenhang sowieso nur ironisch benutzen, auch die chauvinistischen Kriterien funktionierten nicht, letztlich war nur etwas passiert, was häufiger geschieht, ein übermotivierter einfallsloser Favorit wurde von einem gut eingestellten Außenseiter-Team kalt erwischt, und dann steht es eben schnell 1:0.

Diese bundesrepublikanische Mannschaft war ja auch schon überaltert und nicht mehr so gut wie die von 1972, die Europameister mit einem spielerischen Stil geworden war. Die Lehrbuchweisheiten waren plötzlich konfrontiert mit einer emotionalen Realität, für die es keinen Präzedenzfall gibt, für mich war es ein wirklich gebrochener Moment − ein Augenblick gemischter Gefühle.

Mein Vater hat darauf mit dem Abwehrmechanismus des alten Fußballfans reagiert: Er hatte alles kommen sehen...

Detlev Claussen ist Professor für Soziologie an der Universität Hannover.

GERHARD ZWERENZ

Tief gedemütigt

Das Sparwasser-Tor! Das Sparwasser-Tor habe ich selbst erlebt.
Wir wohnten damals in Köln und hatten uns gerade unseren ersten Fernseher zugelegt. Obwohl ich während der Zeit in meiner DDR-Gegnerschaft immer wieder erneut gefestigt wurde,
weil die DDR auch mich fortwährend als Feind behandelte –
ich war da ja längst in Westdeutschland –, hab ich bei dem Treffer sehr gejubelt. Ich muß allerdings sagen, daß ich ein sehr un-
spezifischer Fußball-Fan bin. Wenn es nämlich um internatio-
nale Fußballspiele geht, dann sympathisiere ich grundsätzlich
mit dem Gegner der deutschen Nationalmannschaft.

Wenn mich etwas traurig gemacht hat, dann war das, als ich
später hörte, daß Sparwasser in den Westen gegangen ist. Er ist
dort wohl irgendwo in der Anonymität verschwunden, so erinnere ich mich jedenfalls.

Die Reaktion auf sein Tor war natürlich in Westdeutschland
ein großes Entsetzen. Also der Gegenpol zum großen Weltmei-
ster-Tor gegen Ungarn 1954. Und als nun plötzlich die DDR mit
diesem Tor gegen die Bundesrepublik gewann, da fühlten sich
die Westdeutschen ganz tief gedemütigt. Ich glaube, daß so man-
ches, was jetzt nach 1989 als Siegestriumph West gegen Ost
geschehen ist, auch eine Art innere Befriedigung war, also gewissermaßen die Wiedergutmachung für das furchtbare Sparwasser-Tor.

*Der Schriftsteller Gerhard Zwerenz sitzt für die PDS im Bundes-
tag.*

Alfred Hilsberg

Das Spiel der roten Teufel

An diese Zeit kann ich mich nur dunkel erinnern, weil sie so schrecklich war. Musikalisch, weil damals nichts Aufregendes passierte, es herrschte eine unglaubliche Orientierungslosigkeit, es waren ja noch zwei Jahre, bis Punk aufkam. Ich hörte damals Iggy Pop und Bryan Ferry, von den damals angesagten Trends mochte ich keinen.

Ich versuchte, in diesem Vakuum eher abseitige Sachen zu entdecken, musikalisch wie politisch. Die organisierte Linke war ziemlich weggebrochen, ich stand vor einem politischen Scherbenhaufen. Und da hat mir das Sparwasser-Tor geholfen, jedenfalls einen Tag lang.

Damals war meine Haltung zur DDR, die politisch wie fußballerisch eher im Abseits stand, zwar differenziert, aber ich fand das schon sehr gut, daß diese roten Teufel die kapitalistischen Faulsäcke weggehauen haben – da ging es mir so wie bei allen anderen Sportereignissen seither, wenn die DDR, ob gedopt oder nicht, den Klassenfeind besiegte. Sympathien für irgendeine deutsche Mannschaft habe ich nie wieder gehabt.

Damals war ich nicht im Stadion, obwohl ich in Hamburg wohnte. Das Volkspark-Stadion ist schrecklich, ich verstehe auch, warum die BRD-Mannschaft da verlieren mußte, eigentlich hat da kein westdeutsches Nationalteam jemals gut ausgesehen. Das liegt nicht nur am Publikum, der Ort selbst strömt eine ganz kalte Atmosphäre aus.

Dem HSV, der dort normalerweise spielt, wünsche ich, daß er direkt in die Regionalliga absteigt, mitsamt dieser besinnungslos zusammengekauften Mannschaft – mit den Young-

stern und einem neuen Vorstand muß wieder ganz unten angefangen werden. Im Grunde gehört der Klub dem rechten SPD-
Flügel Hamburgs. Was Seeler da zu suchen hat, weiß niemand,
die Fäden zieht Werner Hackmann, der ehemalige Innensena-
tor, der vermutlich keine Ahnung vom Fußball hat. Das sage
ich, obwohl ich lange HSV-Fan war, aber das war zu Zeiten von
Magath und Hrubesch. Als der ehemalige BFC Dynamo-Spie-
ler Thomas Doll dann noch verkauft wurde, brach der HSV für
mich endgültig zusammen.

*Alfred Hilsberg ist Manager beim Hamburger Musiklabel »What's
So Funny About«.*

Thomas Arslan

Bud Spencer war wichtiger

1974 war ich ein aktiver Fußballer und ein lausiger Schüler. Damals wohnte ich in Essen und spielte bei Fortuna Bredeney im Mittelfeld. An die Fußball-Weltmeisterschaft kann ich mich ganz gut erinnern, an das Spiel der BRD gegen die DDR allerdings nur ganz dunkel. Ich war damals erst zwölf Jahre alt, politisch habe ich mir daher nicht viel gedacht, die DDR war einfach ein anderer Staat, obwohl ich mütterlicherseits Verwandtschaft im Osten habe. Aber die haben wir nie gesehen, deswegen war sie für mich auch nicht präsent.

Zu dieser Zeit hatte ich gerade die deutsche Staatsbürgerschaft bekommen, damals gab es ein Gesetz, nach dem Kinder mit einem deutschen Elternteil auf Antrag in einem Schnellverfahren den deutschen Paß erhalten konnten – das Gesetz war nur wenige Jahre in Kraft, ich glaube, von 1972 bis 1974, später wurde es dann wieder zurückgenommen.

Viel mehr Eindruck als das DDR-BRD-Spiel machte damals die brasilianische Nationalmannschaft, denn die wohnte während der WM in einem Essener Hotel, das war für uns schon aufregend. Wir sind dann dort hingestiefelt und haben uns Autogramme von den Spielern besorgt, die sich auch Zeit für uns nahmen. Ich bekam sogar eins von Rivelino, dem Spieler, der bei dieser WM den legendären Freistoßtrick gemacht hatte: Ein Brasilianer drängelte sich in die gegnerische Mauer, ließ sich fallen und Rivelino schoß den Ball durch diese Lücke ins Tor.

Ich bin eigentlich kein Nationalmannschafts-Freak – auch wenn ich mir die Weltmeisterschaften immer ansehe –, sondern eher Lokalpatriot. Damals war ich schon Schalke-Fan, obwohl ich auch ein paarmal zu Spielen von Rot-Weiß Essen gegangen bin, das ist ja eigentlich mit Schalke nicht kompatibel. Und heute ist Schalke immer noch mein Verein.

Das Tor von Sparwasser hat mich also damals nicht so beeindruckt, es gab einfach andere Dinge, die wichtig waren. Filme mit Bud Spencer und Terence Hil im Kino ansehen, zum Beispiel. Die liefen im Lux am Stern, einem Kino in Essen, das es heute nicht mehr gibt, und reingekommen sind wir dort immer, auch in Filme, die erst ab 16 freigegeben waren.

Thomas Arslan ist Filmemacher und Drehbuchautor.

HERMANN KANT

Zweigeteilt auf grünem Rasen

Nicht nur wo, sondern auch wie ich war und wie mir war, als Herr Sparwasser den Herren Vogts und Beckenbauer einschenkte, weiß ich eingeätzt genau. Ich saß im Ohrensessel, dessen linke Lehne ein Kissen polsterte, damit mein Autounfallarm, der auf ihm ruhte, halbwegs Ruhe gab. Statt der üblichen Azetylenflamme versengte mir, wenn ich ganz, ganz stille saß, nur ein Bündel Wunderkerzen die heillose Pfote. Soweit ich ein Auge dafür hatte, konnte ich das märkische Museum sehen und zwischen dem und mir die S-Bahn über der Jannowitzbrücke und zwischen denen und mir meinen Arbeitstisch mit der Schreibmaschine, die zu dieser postspitalen Zeit erste Einfinger-Anschläge von mir entgegennahm, aus denen ein Fernsehding für die Frau Gemahlin werden sollte.

Nichts von alledem nahm ich wahr am Sonnabend, dem 22. Juni 1974, dieweil DDR und BRD auf dem Bildschirm etwas betrieben, wofür sie recht eigentlich ihre Radarschirme vorgesehen hatten. In einem Ernstfall, dem Proben & Proben & Proben vorausgegangen waren, suchten sie einander unter Einsatz körperlicher Gewalt in die überdimensionierten Knie zu zwingen. Isar & Rhein & Ruhr gegen Neiße und Pleiße und eine Elbe, die unbekannt, weil östlich waren. Bonn gegen Pankow. Zweigeteilt auf grünem Rasen gekeilt, als gelte es das Leben.

Ob ich noch davon weiß? Wie in der Röhrenmitte meines damaligen Fernsehers nach dem Abschalten ein Glühpunkt verblieb, von dem ich meinte, er bewahre alles Telegeschehen in sich auf, brannte sich der Sparwasser-Dot in meinen Kopf. Das Spiel auf den Treffer verkürzt; ein Mikrobild mit Makrogehalt. Unmöglich für einen wie mich, auf dem Rasen nicht die Staaten im schimmernden Trikot zu sehen. Dazu hatte der eine dem anderen allzu oft gesagt, es gebe ihn nicht. Dazu sagt der eine, der jetzt beide ist, von dem anderen, der nicht mehr ist, allzu oft, es habe ihn nie gegeben.

Um die Liste meiner Verbrechen zu kürzen, entschuldigte ich mich dieser Tage beim DFB, beim deutschen Volk und auch bei meinem Freund Bisky für Sparwassers Schuß, der ein Dolchstoß war. Mein Freund Gysi, der zu Überdeutlichem neigt, hat sich zwecks Reuebekenntnis beide Hände gebrochen. Beim Fußball! In Bremen, was ein nördlicher Ort wie Quickborn ist. Qu. wo nicht nur Degenhardt wohnt, sondern auch die sogenannten Fußballer der DDR ihr Trainingslager hatten. Einen Jungbrunnen, der nahe den Quellen meiner frühen Jugend lag. Im Osdorfer Born bin ich beinahe ersoffen; aus dem Quickborn stiegen meine quicken Genossen zum Sieg über den nachmaligen Weltmeister auf.

Wie stets in wichtigen Fällen — und welcher sollte wichtiger sein? — habe ich im 2. Band von Grimms Wörterbuch, der mit dem Stichwort *Biermörder* — nein, nicht *Bierhoff* — beginnt, nach *Born* gesehen. Es ist ein Wasser, das auch als *quecbrunne* verzeichnet steht. Dazu der Spruch eines ehrgeizigen Kunstschlingels jener Tage: *nun will ich kurzumb auch bekand werden und solt ich gleich in ein born scheiszen.* — Ist es zu hergeholt, wenn ich denke, mein wohlerzogener DDR-Mitbürger Sparwasser habe in Quickborn gedacht: *nun will ich kurzumb auch bekand werden und solt ich gleich ein tor schieszen?*

Ein *Biermörder*, also *Spielverderber*, dürfte Sparwasser 21 Jahre und 5 Tage nach dem 17. Juni, 7 Wochen nach Brandts Rücktritt, 2 Tage nach Antritt der Ständigen Vertreter Gaus und Kohl mit seinem Tritt in den Augen der Sportkameraden Maier und Müller gewesen sein. – Und das sollte einer wie ich, der unter Schmerzen *Tooor*! schrie, nicht mehr wissen?

Der Schriftsteller Hermann Kant lebt in Prälank.

RAYK WIELAND

Früher Unfug

Ich saß, neun Jahre alt, in der »guten Stube« meiner Eltern in
Berlin-Köpenick vor dem Fernsehkasten, der seinerzeit tatsächlich ein Ungetüm von Holzkasten mit verglaster Vorderfront
vorstellte, auf dem Fußboden, vor mir ein Notizheft, in das ich
nicht nur die Namen sämtlicher Spieler sämtlicher Mannschaften, ihr Alter und ihre Position eingetragen hatte, sondern
auch noch die Namen und Herkunftsländer der Schieds- und
Linienrichter, die Namen der Trainer sowie alle Ergebnisse und
Tore und Torschützen des laufenden Wettbewerbs – hinter mir
saß mein Vater, und beide verfolgten wir das Spiel »unserer
DDR-Mannschaft«, die überraschend die Qualifikation für das
Turnier geschafft hatte, mit leidenschaftlichen, kritischen Ein-
würfen, und ich weiß noch genau, was meinem Vater am heftig-
sten aufstieß und ihn regelrecht empörte: die hohen Abschläge
von Torwart Jürgen Croy, die immer wieder beim Gegner lan-
deten: »Da«, rief er ein ums andere Mal aus, »hab' ich's nicht gesagt, da können die den Ball auch gleich verschenken, das ist
doch idiotisch, die kapieren das nicht, die sind einfach zu
blöd«, bis dann einmal Croy überraschenderweise den Ball
nicht blind nach vorne kloppte, sondern gezielt und weit, ja
sehr weit abwarf zu Erich Hahmann, der gleich zu Sparwasser
weiterflankte, der dann Schwarzenbeck, Höttges, Beckenbauer
und Maier furios umspielte und, wie bekannt, einschoß, was
meinen Vater in seiner hartnäckig vorgetragenen Abstoßkritte-
lei glänzend bestätigte und mich im Hinblick auf die Wirkungs-
mächtigkeit eigentlich fruchtlosen Palaverns nachhaltig irri-
tierte, so daß ich womöglich heute noch dem unsinnigen

Gerede und der abseitigen Polemik den Vorzug gebe vor dem sachlich-demokratischen und konstruktiven Austausch von Argumenten und gerade von dem kleinsten, beiseite gesprochenen Wort die großartigsten Folgen und Folgerungen erwarte respektive erhoffe, was natürlich, allgemein deklariert, ein Unfug ist, wie ja auch mein damaliger Zeitvertreib, nämlich das enervierende, aber auch ennuyierende Betrachten von Fußballspielen, sei es im zugigen »Stadionrund«, umgeben von blockdummen Fan-Horden oder unangenehm fachlich vor sich hin simpelnden »kritischen« Fans, sei es vorm TV, wo das quasimechanische Gequatsche der Kommentatoren einem den ohnehin etwas trübseligen Zeitvertreib mit Sicherheit verdarb, nichts als ein allein meiner frühen und ausweglos ins Fußballnarrenmilieu der unmittelbaren Umgebung eingebetteten Jugend geschuldeter Unfug war, von dem ich schon bald nach jenem Sparwassertor, das meinem Leben nichts zu bedeuten vermochte, für immer lassen sollte, glücklicherweise. Es gibt, um es mit dem Meisterdichter Horst Tomayer zu sagen, sehr viel zu sehen auf dem Erdenrunde, das das Bild vom Ebenbilde Gottes nicht grad ziert / Doch keines gleicht dem schwachen Bilde jenes Menschen, der einen Ball am Fuße Gassi führt.

Rayk Wieland ist Redakteur der Zeitschrift »Konkret«.

Günther Linnartz
Kontemplatives Sportgucken

Ich war 16 und saß mit meinen Eltern im Rheinland vor dem Fernseher. Nach dem Tor wurde weder gejubelt noch getrauert, wir betrieben das Sportgucken eher kontemplativ. Ich war trotzdem gegen die DDR, also gegen die Kommunisten. Dabei war nach dem Besuch von Willy Brandt in Erfurt eine deutliche Entspannung in den Beziehungen zwischen der DDR und der BRD eingetreten, aber anscheinend nicht auf dem Fußballplatz, dort wurde immer noch der kalte Krieg beschworen. Das Spiel wurde in den Medien damals ganz klar als Kampf West gegen Ost, Gut gegen Böse verkauft – unsere Jungs kickten also gewissermaßen gegen die roten Teufel.

So sah ich das wohl auch, denn als Katholik war ich auch streng antikommunistisch erzogen worden. Wir lebten in einem Dorf mit 5.000 Einwohnern, die Kirche war umgeben von lauter Bauernhöfen, der Kuhdung war gewissermaßen heilig. Es war dort alles sehr traditionell, man wurde beinahe automatisch Meßdiener und entdeckte nach einer Weile, daß man während der Messe in der Sakristei verschwinden und vom Meßwein trinken konnte – der kam aus Südafrika, was damals einen ziemlichen Skandal verursachte. Auf mich machte das jedoch keinen großen Eindruck – einen Punkt, an dem ich den Entschluß, anders leben zu wollen, festmachen kann, gibt es einfach nicht.

Mein Lieblingsspieler war damals Günter Netzer – heute habe ich keine Lieblingsspieler mehr, auch keine Lieblingsmannschaften, sondern nur noch eine Lieblings-Haß-Mannschaft, Bayern München.

Günther Linnartz arbeitet bei der Konzertagentur Scorpio.

F. W. BERNSTEIN

Die reine Schadenfreude

Ich war in Göttingen – bei einem Kollegen auf dem Fußboden, zusammen mit vielen anderen. Die edel Denkenden unter uns haben sich über den Treffer sehr gefreut, obwohl die westdeutsche Mannschaft noch nicht so blasiert auftrat wie später. Es war wohl die reine Schadenfreude, da wurde zu jedem Gegner der bundesrepublikanischen Elf gehalten, und nun war es eben die DDR – auch weil die so gar keine Chance zu haben schien.

Daß die BRD Weltmeister werden würde, das hat wohl niemand angenommen, der Titel wäre auch viel gerechter an die Niederländer gegangen. Denn die beste aller Mannschaften war das schon nicht mehr, das ist die gewesen, die 1972 Europameister geworden ist, mit Netzer, Overath, Beckenbauer.

Meine stärksten Eindrücke von dieser WM: Die »Wasserschlacht« gegen Polen im Frankfurter Waldstadion und die wunderbar betrunkenen Müller und Breitner bei der Schlußfeier im TV.

Die 74er Mannschaft hatte ich vorher beim Training beobachtet, ich war kurz vor der WM zu Besuch bei Freunden in Norddeutschland, und bei einer Wanderung kamen wir zum Trainingsgelände der DFB-Elf in Malente. Netzer war da, Cullmann, und neben dem Tor stand Bundestrainer Schön und unterhielt sich mit einer Frau – dabei waren Frauen doch im Trainingslager streng verboten. Bei dieser Frau handelte es sich aber um Heidi Brühl, die wohl kurz zu Besuch gekommen war. Nein, die 74er Mannschaft war schon nicht mehr mein Team, ich hätte gern Netzer häufiger spielen sehen, aber der war wohl nicht in Form. Von allen anderen habe ich Bernd Höltzenbein am meisten gemocht, weil der bei Frankfurt spielte – ich bin einer dieser gequälten Eintracht-Fans.

Die Nationalmannschaft interessiert mich nicht mehr so, diese ganzen jungen Spieler dort kenne ich kaum. Die Bundesliga schon eher – dort gibt aber auch immer nur ganz wenige Lichtmannschaften wie St. Pauli und Freiburg, die dann schließlich zu ganz normalen Teams werden. Ich hoffe weiter auf den Aufstieg meines Vereins. In Berlin hingegen habe ich keinen Lieblingsklub. Hertha? – ich bitt' Sie!

Deswegen ist in dieser Saison auch Kaiserslautern für mich ein Sonderfall. Wegen der Schadenfreude darüber, daß der Rehagel es Bayern München zeigt.

F. W. Bernstein ist Professor für Karikatur und Bildgeschichte an der HdK Berlin.

MARION SPRÖTE

Kein Kuß von Beckenbauer

Ich war 13 Jahre alt und mit der Klasse im Ferienlager auf der Ostseeinsel Usedom. Wir waren immer sehr begeistert über diese Fahrten, an denen alle teilnehmen konnten, die Lust dazu hatten. Es war sehr billig, jeder konnte sich leisten mitzufahren, und es wurde immer viel unternommen. Als wir älter waren, durften wir abends sogar nach Rostock in die Disco fahren. Von der Weltmeisterschaft haben wir damals kaum etwas mitbekommen.

1974 war ein besonders warmer Sommer, es war eigentlich immer schönes Wetter – da läßt man die Kinder natürlich nicht vor dem Fernseher hocken, und mit 13 hatten wir noch kein Mitspracherecht.

Wir waren fast ständig am Strand oder machten Ausflüge, das hat uns genausogut gefallen. Das Spiel DDR gegen die BRD durften wir dann aber doch ansehen, wahrscheinlich, weil die Konstellation eine besondere war und unsere Lehrer das Match auch verfolgen wollten. Unser Sommerlager war zwar eigentlich ein Zeltlager, aber die Zelte waren sehr groß, es standen richtige Betten darin, der Fernsehapparat stand in dem Trakt, wo sich auch der Speiseraum befand. Dort versammelten wir uns alle, ich glaube nicht, daß es irgend jemanden gab, den das Spiel nicht interessiert hätte. Als Sparwasser dann das Siegtor schoß, haben natürlich alle gejubelt, alle, außer mir. Denn ich mochte doch den Franz Beckenbauer so gern und hätte mir deswegen gewünscht, daß sein Team gewinnt. Alles um mich herum freute sich also, und ich habe mich dann schließlich zusammengerissen und mich mitgefreut.

Das nächste Spiel, das wir dann sehen durften, war das Endspiel. Daß die BRD und damit Franz Beckenbauer Weltmeister
wurde, war für mich natürlich ganz großartig. Die Siegerehrung
haben wir jedoch nicht gesehen, der Fernseher wurde vorher
ausgeschaltet. Es sei Abendbrotzeit, lautete die offizielle Begründung, deswegen durften wir nicht mehr anschauen, wie
die BRD-Kicker den Pokal bekamen. Nicht sehen zu können,
wie Beckenbauer den Pokal küßte, das hat mich mörderisch
gegrämt.

Marion Spröte arbeitet als Sekretärin in Berlin.

DIETER MEINOLD

Ganz allein und ohne Ton

Wir waren zu fünft, ziemlich beengt und mit viel Gepäck, in einem Kombi unterwegs nach Taragona/Spanien in den Urlaub. Irgendwo unterwegs fiel mir ein, daß das Spiel bald beginnen würde. Wir kamen durch ein französisches Dorf, und dort sah ich ein Fernsehgeschäft, in dessen Auslage eingeschaltete Apparate standen, in einem lief das Spiel. Ich habe meine Freunde sehr mühsam davon überzeugen können anzuhalten, und schließlich stand ich ganz allein auf dem Gehsteig vor dem Laden und konnte das Match – ohne Ton – live verfolgen. Die anderen waren in ein kleines Restaurant gegangen, ich hatte ihnen eine Runde Bier spendieren müssen, um meine Ruhe zu haben. Daß sich in diesem Spiel die BRD und die DDR gegenüberstanden, war für mich nicht so wichtig, obwohl ich natürlich um die politische Brisanz der Begegnung wußte.

Damals war ich noch fußballverrückt, dieses Spiel mußte ich einfach erleben, ich war überhaupt nur unter der Bedingung mitgefahren, daß ich mir die WM in Taragona im Fernsehen ansehen kann. Ich war selbst Fußballspieler, und von meinem Stammverein, dem Karlsruher Sport-Club, KSC, wegen meines Studiums nach Kehl am Rhein gewechselt, wo ich in der zweiten Amateurliga kickte – da gab es noch Träume, mit dem Fußballspielen Geld zu verdienen.

In Taragona angekommen, wurde ich enttäuscht, denn das TV-Gerät in unserem Urlaubsdomizil konnte das entsprechende Programm nicht empfangen, so mußte ich mich also mit der Oma des Hauses gutstellen, um die Weltmeisterschaft an ihrem Radioapparat verfolgen zu können. Die anderen haben mich ausgelacht – draußen war schönstes Urlaubswetter, und ich saß drinnen und hörte begeistert Fußball mit der Oma.

Heute kann ich solche Emotionen nicht mehr verstehen. Dabei sind die Gefühle eines Fans noch einmal anders als die derjenigen, die professionell bei einem Verein arbeiten. Als ich noch Manager beim KSC war, da war man zwar nur ein Teil eines Teams, aber trotzdem auch beruflich und natürlich emotional abhängig von denjenigen, die am Samstag hinter dem Ball herrennen. Auch die Stimmungskurve auf der Geschäftsstelle hing tagelang vom Ergebnis ab, nach einer Niederlage waren alle ganz still und bedrückt, nach einem Sieg euphorisch – bis das nächste Spiel bevorstand und alles von vorne losging.

Heute vertrete ich Opel als Sponsor unter anderem bei Bayern München, und nun hat sich mein Verhältnis zum Fußball noch einmal geändert: Auch nach einem schlechten Spiel sitze ich samstagabends nicht mit schrägem Gesicht und hängenden Ohren bei meiner Familie, sondern schalte schnell wieder ab und albere mit meinem Sohn Nicolas herum.

Dieter Meinold ist Leiter der Sportkommunikation bei der Adam Opel AG.

PETER NEURURER

Teure Angelegenheit

Ich weiß ganz genau, wo ich in dem Moment war: im Stadion, allerdings nur im Stehplatzbereich. Kurz vorher hatte ich das Abitur gemacht und mir dann das Eintrittsgeld für das Spiel zusammengespart, ich weiß nicht mehr, was die Karten gekostet haben, aber es war für mich damals eine teure Angelegenheit – schließlich mußte ich mir meine Ausbildung selbst verdienen und war zusätzlich noch auf die Unterstützung meiner Eltern angewiesen. Zusammen mit zwei Freunden fuhr ich dann aber schließlich von Gelsenkirchen ins Hamburger Volksparkstadion.

Für mich war das Tor von Sparwasser ein richtiger Schock, zumal es der erste richtige Vergleich zwischen der Bundesrepublik und der DDR, also eine mehr oder weniger politische Angelegenheit, war. Wir waren ja alle vorher von einem Riesensieg gegen eine namenlose Mannschaft ausgegangen, niemand kannte die DDR-Spieler. Aber rückblickend muß man schon sagen, daß Sparwasser mit seinem Tor die bundesdeutsche Elf aufgeweckt hat – er hat also indirekt für den späteren Titelgewinn gesorgt.

Natürlich wäre ich 1974 schon gerne Trainer geworden, aber ich sah damals keinerlei Möglichkeit dazu, und ich bin niemals meinen Träumen hinterhergelaufen. So begann ich 1974 mein Studium, zunächst Jura, Germanistik und Geschichte.

Erst später habe ich mich dann dazu entschlossen, den Studiengang zu wechseln und Diplom-Sportlehrer zu werden, aber eine Möglichkeit, Trainer zu werden sah ich eigentlich immer noch nicht. Das passierte erst 1986, als Horst Hrubesch, mit dem ich zusammen die A-Trainer-Lizenz gemacht hatte, mich als Co-Trainer zu Rot-Weiß Essen holte. Ihm habe ich das alles zu verdanken — wenn er nicht gewesen wäre, dann würde ich heute irgendwo im Schuldienst sein und nebenher vielleicht irgendeinen Oberliga-Verein trainieren.

Sparwasser habe ich übrigens viel später einmal getroffen, ich weiß allerdings gar nicht mehr, bei welchem Spiel. Eine große Freundschaft ist aus dieser Begegnung erkennbar nicht geworden.

Diplom-Sportlehrer Peter Neururer war zuletzt Trainer beim 1. FC Köln.

CHRISTOPH GURK

Belagerung im Schichtdienst

Wie fast an jedem Samstagabend, als ich elf Jahre war, saß ich zu Hause vor dem Fernseher und verfolgte das Spiel im Familienkreis. Das wäre kaum weiter interessant, hätte nicht die Mannschaft der DDR noch am selben Wochenende ihr Quartier in meiner Heimatstadt Ratingen bezogen, einer ziemlich provinziellen Schlafstadt im Einzugsgebiet von Düsseldorf.

Als das Team dort eintraf, brach ein mittelschwerer Tumult von äußerst ambivalentem Zuschnitt aus: Man war hin- und hergerissen zwischen dem Stolz, eine Nationalmannschaft zu beherbergen (und so auch an der WM teilzuhaben) und der Zumutung, daß es sich ausgerechnet um die Fußballer der DDR handelte. Das waren zwar auch Deutsche – aber warum mußten die ausgerechnet gegen »unsere« Mannschaft gewinnen?

Andererseits: Als Team repräsentierten sie zwar die Regierung der DDR, doch auf der »menschlichen« Ebene hatte man die Zielbestimmung der bundesdeutschen Verfassung bereits verinnerlicht: »Wiedervereinigung«.

So kam es, daß das Hotelquartier nicht von Tausendschaften, aber schon von 50 bis 150 Schaulustigen im Schichtdienst umlagert wurde. Auch ich bin hingegangen und habe mir Autogramme der gesamten DDR-Mannschaft besorgt. Vor allem Sparwassers Unterschrift wollte ich haben: Er war für mich der Star, nicht zuletzt, weil sein Tor ihn im Systemvergleich als besonders bedrohlichen Exponenten ostdeutscher, womöglich auch noch sozialistischer Effizienz dämonisierte.

Von Politik hatte ich noch keine Ahnung – wohl aber von der einen oder anderen Mauerstrategie gegen Eltern und Klassenkameraden.

Christoph Gurk ist freier Autor, u.a. für die Zeitschrift »Spex«.

HANNO HARNISCH

Sbjeregatjelnaja Woditschka

Los Papa, erzähl uns von früher. Nein, nicht von der Armee, das
kennen wir doch alles schon. Erzähl doch nochmal von der Baubrigade, in dem Sommer, als Mama gerade mit Sebastian
schwanger war. Was, da warst du da, in der Donsteppe? 100 Kilometer bis zur nächsten Stadt? Was, nur 83 Rubel Stipendium
hast du gekriegt? Und über 1000 Rubel in der Baubrigade ver-
dient, das war ja soviel wie ein ganzes Jahr studieren? Die Prit-
schen habt ihr selber gezimmert? Und den Herd selber gemau-
ert? Was, um fünf Uhr jeden Morgen gefrühstückt? Von halb
sechs bis wann? Bis halb zehn, manchmal bis zehn gearbeitet?
Und alles im Laufschritt, jetzt spinnst du aber. Sonnabends
und sonntags auch? Ach, die eingelegten Schnellgurken, die
hast du da gelernt? Anpieken, Essigwasser mit viel Dill aufko-
chen und nach nur zehn Tagen in der Sonne, da schmecken die
schon so gut? 100 Meter lang war der Schweinestall, den ihr gebaut habt? Keinen Tropfen Alkohol, wirklich, die ganze Zeit,
nicht mal 'n kaltes Bier? Was, das gab's gar nicht, auch nicht für
die Russen, die da gewohnt haben?

Also doch, eine Ausnahme, na bitte. Was habt ihr gemacht,
fernsehgeguckt einmal? Wie, Deutschland gegen Deutschland,
äh DDR?

Ach so, ja, war ja früher. Wieso die ersten 66 Minuten keinen
Wodka? Und warum danach? Wegen Sbjeregatjelnaja Woditschka? Was heißt das auf deutsch – Sparwasser? Die Russen
haben gefeiert? Aber von euch hat doch keiner das Tor geschossen, versteh' ich nicht? Erzähl doch lieber von der Armee, Papa.
Was, deutsch-deutsche Grenze? Weißte, Papa, erzähl lieber von

der Arbeit, was haste heute denn so gemacht? Was, 'ne Erklä-
rung, daß Deutschland gespalten ist in oben und unten? Und
wer hat dich angerufen, Tschangel Wöölt? Wegen wem, wegen
diesem Sbjeregatjelnaja Woditschka? Das hat die interessiert?
Gute Nacht, Papa.

Hanno Harnisch ist Pressesprecher der PDS.

Jürgen Sparwasser

Das Spiel der Funktionäre

Aufregend war das Spiel vor allem für die Funktionäre in Ost und West. Von Seiten der Politik und der Medien wurde ein wahnsinniger Wirbel darum gemacht — es war schließlich das erste und einzige Mal, daß die beiden deutschen Staaten bei einem Fußballspiel aufeinandergetroffen sind, und da hatte jeder so seine Erwartungen und Hoffnungen.

Im Westen war man ohnehin fest davon überzeugt, daß die DDR nicht gewinnen könne — die »Bild«-Zeitung hat ja auch am Spieltag selbst einen entsprechenden Artikel veröffentlicht, »Warum wir heute gewinnen« und hat versucht, die Zusammenstellung der Spieler zu analysieren. Mein Gegenspieler Schwarzenbeck wurde als Techniker beschrieben, ich als hölzern bezeichnet.

Aber, so blöd das klingen mag, für uns war es ein ganz normales Länderspiel wie jedes andere auch. Natürlich ist es das größte für einen Fußballspieler, bei einer WM mitzuspielen. Und für uns war es eine Möglichkeit, international zu beweisen, daß wir nicht nur im Vereinsfußball, sondern auch als Nationalmannschaft sehr gut waren.

Die Atmosphäre im Stadion war gut, die Hamburger waren ein faires Publikum. Sie waren nicht negativ gegen uns eingestellt, und wir haben Beifall bekommen. Es war fast wie ein Heimspiel...

Nach dem Spiel haben dann Overath und Breitner auf mich gewartet, und wir haben noch im Tunnel Trikots getauscht. Später kam dann der Berti Vogts mit den ganzen verschwitzten Trikots, die haben wir dann auch noch ausgetauscht.

Wir waren in Quickborn untergebracht. Beim Training konnte jeder kommen und zusehen oder sich Autogramme holen. Unser Hotel dagegen war von bundesrepublikanischen Sicherheitskräften abgeschirmt. Es hatte auch eine Bombendrohung gegen uns gegeben. Nach Gelsenkirchen, wo wir unser nächstes Spiel hatten, sind wir auch richtig geschleust worden. Vier Busse fuhren zuerst ohne uns, und wir sind in den fünften eingestiegen. Passiert ist nichts, aber man mußte die Drohung schon ernst nehmen...

Als übrigens der FC Bayern München sein Gastspiel in Magdeburg gegeben hat, sind die Bayern nicht mit uns Essen gegangen, weil sie Angst hatten, vergiftet zu werden. Statt dessen haben sie sich in ihren Bus gesetzt und ihre mitgebrachten Sachen gegessen.

1979 habe ich meine Schuhe an den Nagel gehängt und zehn Jahre in Magdeburg an der Pädagogischen Hochschule als Hochschullehrer gearbeitet. Und dann hat man mich auf einem »Altherrenspiel« im Westen vergessen, da ist der Bus ohne mich losgefahren – das war natürlich so geplant, daß wir in der BRD bleiben. Ich habe dann bei der Eintracht Frankfurt die Amateurmannschaft trainiert. Das war meine erste Trainerstation im Westen.

Ich werde ja öfters gefragt, wie das damals für mich war. Das Tor hat ja schon in irgendeiner Weise Sportgeschichte geschrieben. Aber in den Medien ist es immer völlig übertrieben dargestellt worden, daß ich als Held gefeiert worden wäre. Das ist alles Quatsch. Natürlich habe ich durch dieses Spiel eine gewaltige Popularität gewonnen. Auf meinem Sarg müßte nur stehen »Hamburg WM 1974« und schon wüßte jeder Bescheid. Man hat auch versucht, meinen Namen zu vermarkten, einmal wollte sogar eine Firma ihr Mineralwasser »Sparwasser« nennen. Aber es gab keine große Ehre und auch keine besondere Prämie.

Es war eben das Spiel der Funktionäre.

Jürgen Sparwasser ist heute Vorsitzender der Vereinigung der Vertragsspieler (VDV).

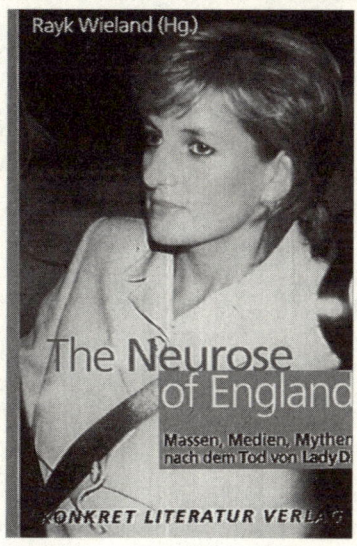